AF551630

GRöLS
Verlage

„BÜCHER SIND WIE FALLSCHIRME. SIE NÜTZEN UNS NICHTS, WENN WIR SIE NICHT ÖFFNEN.“

Gröls Verlag

Redaktionelle Hinweise und Impressum

Das vorliegende Werk wurde zugunsten der Authentizität sehr zurückhaltend bearbeitet. So wurden etwa ursprüngliche Rechtschreibfehler *nicht* systematisch behoben, denn kleine Unvollkommenheiten machen das Buch – wie im Übrigen den Menschen – erst authentisch. Mitunter wurden jedoch zum Beispiel Absätze behutsam neu getrennt, um den Lesefluss zu erleichtern.

Um die Texte zu rekonstruieren, werden antiquarische Bücher von Lesegeräten gescannt und dann durch eine Software lesbar gemacht. Der so entstandene Text wird von Menschen gegengelesen und korrigiert – hierbei treten auch Fehler auf. Wenn Sie ebenfalls antiquarische Texte einreichen möchten, finden Sie weitere Informationen auf www.groels.de

Viel Freude bei der Lektüre wünscht Ihnen das Team des Gröls-Verlags.

Adressen

Verleger: Sophia Gröls, Im Borngrund 26, 61440 Oberursel

Externer Dienstleister für Distribution & Herstellung: BoD, In de Tarpen 42, 22848 Norderstedt

Unsere „Edition | Werke der Weltliteratur" hat den Anspruch, eine der größten und vollständigsten Sammlungen klassischer Literatur in deutscher Sprache zu sein. Nach und nach versammeln wir hier nicht nur die „üblichen Verdächtigen" von Goethe bis Schiller, sondern auch Kleinode der vergangenen Jahrhunderte, die – zu Unrecht – drohen, in Vergessenheit zu geraten. Wir kultivieren und kuratieren damit einen der wertvollsten Bereiche der abendländischen Kultur. Kleine Auswahl:

Francis Bacon • Neues Organon • **Balzac** • Glanz und Elend der Kurtisanen • **Joachim H. Campe** • Robinson der Jüngere • **Dante Alighieri** • Die Göttliche Komödie • **Daniel Defoe** • Robinson Crusoe • **Charles Dickens** • Oliver Twist • **Denis Diderot** • Jacques der Fatalist • **Fjodor Dostojewski** • Schuld und Sühne • **Arthur Conan Doyle** • Der Hund von Baskerville • **Marie von Ebner-Eschenbach** • Das Gemeindekind • **Elisabeth von Österreich** • Das Poetische Tagebuch • **Friedrich Engels** • Die Lage der arbeitenden Klasse • **Ludwig Feuerbach** • Das Wesen des Christentums • **Johann G. Fichte** • Reden an die deutsche Nation • **Fitzgerald** • Zärtlich ist die Nacht • **Flaubert** • Madame Bovary • **Gorch Fock** • Seefahrt ist not! • **Theodor Fontane** • Effi Briest • **Robert Musil** • Über die Dummheit • **Edgar Wallace** • Der Frosch mit der Maske • **Jakob Wassermann** • Der Fall Maurizius • **Oscar Wilde** • Das Bildnis des Dorian Grey • **Émile Zola** • Germinal • **Stefan Zweig** • Schachnovelle • **Hugo von Hofmannsthal** • Der Tor und der Tod • **Anton Tschechow** • Ein Heiratsantrag • **Arthur Schnitzler** • Reigen • **Friedrich Schiller** • Kabale und Liebe • **Nicolo Machiavelli** • Der Fürst • **Gotthold E. Lessing** • Nathan der Weise • **Augustinus** • Die Bekenntnisse des heiligen Augustinus • **Marcus Aurelius** • Selbstbetrachtungen • **Charles Baudelaire** • Die Blumen des Bösen • **Harriett Stowe** • Onkel Toms Hütte • **Walter Benjamin** • Deutsche Menschen • **Hugo Bettauer** • Die Stadt ohne Juden • **Lewis Caroll** • *und viele mehr….*

Johann Wolfgang von Goethe

Faust II

\-

Der Tragödie zweiter Teil

Inhalt

1. Akt 7

   Anmutige Gegend 7

   Kaiserliche Pfalz. Saal des Thrones 10

   Weitläufiger Saal mit Nebengemächern 21

   Lustgarten 50

   Finstere Galerie 57

   Hell erleuchtete Säle 62

   Rittersaal 65

2. Akt 73

   Hochgewölbtes enges gotisches Zimmer 73

   Laboratorium 81

   Klassische Walpurgisnacht. Pharsalische Felder 88

   Am oberen Peneios 91

   Am untern Peneios 97

   Am obern Peneios 106

Felsbuchten des ägäischen Meers 124
3. Akt 141
Vor dem Palaste des Menelas zu Sparta 141
Innerer Burghof 163
Schattiger Hain 177
4. Akt 192
Hochgebirg 192
Auf dem Vorgebirg 203
Des Gegenkaisers Zelt 218
5. Akt 227
Offene Gegend 227
Palast 231
Tiefe Nacht 236
Mitternacht 239
Großer Vorhof des Palasts 243
Grablegung 247
Bergschluchten 254

1. Akt

Anmutige Gegend

Ariel

Wenn der Blüten Frühlingsregen
über alle schwebend sinkt,
Wenn der Felder grüner Segen
Allen Erdgebornen blinkt,
Kleiner Elfen Geistergröße
Eilet, wo sie helfen kann,
Ob er heilig, ob er böse,
Jammert sie der Unglücksmann.
Die ihr dies Haupt umschwebt im luft'gen Kreise,
Erzeigt euch hier nach edler Elfen Weise,
Besänftiget des Herzens grimmen Strauß,
Entfernt des Vorwurfs glühend bittre Pfeile,
Sein Innres reinigt von erlebtem Graus.
Vier sind die Pausen nächtiger Weile,
Nun ohne Säumen füllt sie freundlich aus.
Erst senkt sein Haupt aufs kühle Polster nieder,
Dann badet ihn in Tau aus Lethes Flut;
Gelenk sind bald die krampferstarrten Glieder,
Wenn er gestärkt dem Tag entgegenruht;
Vollbringt der Elfen schönste Pflicht,
Gebt ihn zurück dem heiligen Licht.

Chor

Wenn sich lau die Lüfte füllen
Um den grünumschränkten Plan,
Süße Düfte, Nebelhüllen
Senkt die Dämmerung heran.
Lispelt leise süßen Frieden,
Wiegt das Herz in Kindesruh;
Und den Augen dieses Müden
Schließt des Tages Pforte zu.

Nacht ist schon hereingesunken,
Schließt sich heilig Stern an Stern,
Große Lichter, kleine Funken
Glitzern nah und glänzen fern;
Glitzern hier im See sich spiegelnd,
Glänzen droben klarer Nacht,
Tiefsten Ruhens Glück besiegelnd
Herrscht des Mondes volle Pracht.
Schon verloschen sind die Stunden,
Hingeschwunden Schmerz und Glück;
Fühl es vor! Du wirst gesunden;
Traue neuem Tagesblick.
Täler grünen, Hügel schwellen,
Buschen sich zu Schattenruh;
Und in schwanken Silberwellen
Wogt die Saat der Ernte zu.
Wunsch um Wünsche zu erlangen,
Schaue nach dem Glanze dort!
Leise bist du nur umfangen,
Schlaf ist Schale, wirf sie fort!
Säume nicht, dich zu erdreisten,
Wenn die Menge zaudernd schweift;
Alles kann der Edle leisten,
Der versteht und rasch ergreift.

Ariel

Horchet! horcht dem Sturm der Horen!
Tönend wird für Geistesohren
Schon der neue Tag geboren.
Felsentore knarren rasselnd,
Phöbus' Räder rollen prasselnd,
Welch Getöse bringt das Licht!
Es trommetet, es posaunet,
Auge blinzt und Ohr erstaunet,
Unerhörtes hört sich nicht.
Schlüpfet zu den Blumenkronen,
Tiefer, tiefer, still zu wohnen,

In die Felsen, unters Laub;
Trifft es euch, so seid ihr taub.

Faust

Des Lebens Pulse schlagen frisch lebendig,
ätherische Dämmerung milde zu begrüßen;
Du, Erde, warst auch diese Nacht beständig
Und atmest neu erquickt zu meinen Füßen,
Beginnest schon, mit Lust mich zu umgeben,
Du regst und rührst ein kräftiges Beschließen,
Zum höchsten Dasein immerfort zu streben. –
In Dämmerschein liegt schon die Welt erschlossen,
Der Wald ertönt von tausendstimmigem Leben,
Tal aus, Tal ein ist Nebelstreif ergossen,
Doch senkt sich Himmelsklarheit in die Tiefen,
Und Zweig und äste, frisch erquickt, entsprossen
Dem duft'gen Abgrund, wo versenkt sie schliefen;
Auch Farb' an Farbe klärt sich los vom Grunde,
Wo Blum' und Blatt von Zitterperle triefen –
Ein Paradies wird um mich her die Runde.
Hinaufgeschaut! – Der Berge Gipfelriesen
Verkünden schon die feierlichste Stunde;
Sie dürfen früh des ewigen Lichts genießen,
Das später sich zu uns hernieder wendet.
Jetzt zu der Alpe grüngesenkten Wiesen
Wird neuer Glanz und Deutlichkeit gespendet,
Und stufenweis herab ist es gelungen; –
Sie tritt hervor! – und, leider schon geblendet,
Kehr' ich mich weg, vom Augenschmerz durchdrungen.
So ist es also, wenn ein sehnend Hoffen
Dem höchsten Wunsch sich traulich zugerungen,
Erfüllungspforten findet flügeloffen;
Nun aber bricht aus jenen ewigen Gründen
Ein Flammenübermaß, wir stehn betroffen;
Des Lebens Fackel wollten wir entzünden,
Ein Feuermeer umschlingt uns, welch ein Feuer!
Ist's Lieb'? ist's Haß? die glühend uns umwinden,

Mit Schmerz und Freuden wechselnd ungeheuer,
So daß wir wieder nach der Erde blicken,
Zu bergen uns in jugendlichstem Schleier.
So bleibe denn die Sonne mir im Rücken!
Der Wassersturz, das Felsenriff durchbrausend,
Ihn schau' ich an mit wachsendem Entzücken.
Von Sturz zu Sturzen wälzt er jetzt in tausend,
Dann abertausend Strömen sich ergießend,
Hoch in die Lüfte Schaum an Schäume sausend.
Allein wie herrlich, diesem Sturm ersprießend,
Wölbt sich des bunten Bogens Wechseldauer,
Bald rein gezeichnet, bald in Luft zerfließend,
Umher verbreitend duftig kühle Schauer.
Der spiegelt ab das menschliche Bestreben.
Ihm sinne nach, und du begreifst genauer:
Am farbigen Abglanz haben wir das Leben.

Kaiserliche Pfalz. Saal des Thrones

Kaiser

Ich grüße die Getreuen, Lieben,
Versammelt aus der Näh' und Weite; –
Den Weisen seh' ich mir zur Seite,
Allein wo ist der Narr geblieben?

Junker

Gleich hinter deiner Mantelschleppe
Stürzt' er zusammen auf der Treppe,
Man trug hinweg das Fettgewicht,
Tot oder trunken? weiß man nicht.

Zweiter Junker

Sogleich mit wunderbarer Schnelle
Drängt sich ein andrer an die Stelle.
Gar köstlich ist er aufgeputzt,
Doch fratzenhaft, daß jeder stutzt;
Die Wache hält ihm an der Schwelle

Kreuzweis die Hellebarden vor –
Da ist er doch, der kühne Tor!

Mephistopheles

Was ist verwünscht und stets willkommen?
Was ist ersehnt und stets verjagt?
Was immerfort in Schutz genommen?
Was hart gescholten und verklagt?
Wen darfst du nicht herbeiberufen?
Wen höret jeder gern genannt?
Was naht sich deines Thrones Stufen?
Was hat sich selbst hinweggebannt?

Kaiser

Für diesmal spare deine Worte!
Hier sind die Rätsel nicht am Orte,
Das ist die Sache dieser Herrn. –
Da löse du! das hört' ich gern.
Mein alter Narr ging, fürcht' ich, weit ins Weite;
Nimm seinen Platz und komm an meine Seite.

Gemurmel der Menge

Ein neuer Narr – Zu neuer Pein –
Wo kommt er her? – Wie kam er ein? –
Der alte fiel – Der hat vertan –
Es war ein Faß – Nun ist's ein Span –

Kaiser

Und also, ihr Getreuen, Lieben,
Willkommen aus der Näh' und Ferne!
Ihr sammelt euch mit günstigem Sterne,
Da droben ist uns Glück und Heil geschrieben.
Doch sagt, warum in diesen Tagen,
Wo wir der Sorgen uns entschlagen,
Schönbärte mummenschänzlich tragen
Und Heitres nur genießen wollten,
Warum wir uns ratschlagend quälen sollten?
Doch weil ihr meint, es ging' nicht anders an,
Geschehen ist's, so sei's getan.

Kanzler

Die höchste Tugend, wie ein Heiligenschein,
Umgibt des Kaisers Haupt; nur er allein
Vermag sie gültig auszuüben:
Gerechtigkeit! – Was alle Menschen lieben,
Was alle fordern, wünschen, schwer entbehren,
Es liegt an ihm, dem Volk es zu gewähren.
Doch ach! Was hilft dem Menschengeist Verstand,
Dem Herzen Güte, Willigkeit der Hand,
Wenn's fieberhaft durchaus im Staate wütet
Und übel sich in übeln überbrütet?
Wer schaut hinab von diesem hohen Raum
Ins weite Reich, ihm scheint's ein schwerer Traum,
Wo Mißgestalt in Mißgestalten schaltet,
Das Ungesetz gesetzlich überwaltet
Und eine Welt des Irrtums sich entfaltet.
Der raubt sich Herden, der ein Weib,
Kelch, Kreuz und Leuchter vom Altare,
Berühmt sich dessen manche Jahre
Mit heiler Haut, mit unverletztem Leib.
Jetzt drängen Kläger sich zur Halle,
Der Richter prunkt auf hohem Pfühl,
Indessen wogt in grimmigem Schwalle
Des Aufruhrs wachsendes Gewühl.
Der darf auf Schand' und Frevel pochen,
Der auf Mitschuldigste sich stützt,
Und: *Schuldig!* hörst du ausgesprochen,
Wo Unschuld nur sich selber schützt.
So will sich alle Welt zerstückeln,
Vernichtigen, was sich gebührt;
Wie soll sich da der Sinn entwickeln,
Der einzig uns zum Rechten führt?
Zuletzt ein wohlgesinnter Mann
Neigt sich dem Schmeichler, dem Bestecher,
Ein Richter, der nicht strafen kann,
Gesellt sich endlich zum Verbrecher.
Ich malte schwarz, doch dichtern Flor

Zög' ich dem Bilde lieber vor.
Entschlüsse sind nicht zu vermeiden;
Wenn alle schädigen, alle leiden,
Geht selbst die Majestät zu Raub.

Heermeister

Wie tobt's in diesen wilden Tagen!
Ein jeder schlägt und wird erschlagen,
Und fürs Kommando bleibt man taub.
Der Bürger hinter seinen Mauern,
Der Ritter auf dem Felsennest
Verschwuren sich, uns auszudauern,
Und halten ihre Kräfte fest.
Der Mietsoldat wird ungeduldig,
Mit Ungestüm verlangt er seinen Lohn,
Und wären wir ihm nichts mehr schuldig,
Er liefe ganz und gar davon.
Verbiete wer, was alle wollten,
Der hat ins Wespennest gestört;
Das Reich, das sie beschützen sollten,
Es liegt geplündert und verheert.
Man läßt ihr Toben wütend hausen,
Schon ist die halbe Welt vertan;
Es sind noch Könige da draußen,
Doch keiner denkt, es ging' ihn irgend an.

Schatzmeister

Wer wird auf Bundsgenossen pochen!
Subsidien, die man uns versprochen,
Wie Röhrenwasser bleiben aus.
Auch, Herr, in deinen weiten Staaten
An wen ist der Besitz geraten?
Wohin man kommt, da hält ein Neuer Haus,
Und unabhängig will er leben,
Zusehen muß man, wie er's treibt;
Wir haben so viel Rechte hingegeben,
Daß uns auf nichts ein Recht mehr übrigbleibt.
Auch auf Parteien, wie sie heißen,

Ist heutzutage kein Verlaß;
Sie mögen schelten oder preisen,
Gleichgültig wurden Lieb' und Haß.
Die Ghibellinen wie die Guelfen
Verbergen sich, um auszuruhn;
Wer jetzt will seinem Nachbar helfen?
Ein jeder hat für sich zu tun.
Die Goldespforten sind verrammelt,
Ein jeder kratzt und scharrt und sammelt,
Und unsre Kassen bleiben leer.

Marschalk

Welch Unheil muß auch ich erfahren!
Wir wollen alle Tage sparen
Und brauchen alle Tage mehr,
Und täglich wächst mir neue Pein.
Den Köchen tut kein Mangel wehe;
Wildschweine, Hirsche, Hasen, Rehe,
Welschhühner, Hühner, Gäns' und Enten,
Die Deputate, sichre Renten,
Sie gehen noch so ziemlich ein.
Jedoch am Ende fehlt's an Wein.
Wenn sonst im Keller Faß an Faß sich häufte,
Der besten Berg' und Jahresläufte,
So schlürft unendliches Gesäufte
Der edlen Herrn den letzten Tropfen aus.
Der Stadtrat muß sein Lager auch verzapfen,
Man greift zu Humpen, greift zu Napfen,
Und unterm Tische liegt der Schmaus.
Nun soll ich zahlen, alle lohnen;
Der Jude wird mich nicht verschonen,
Der schafft Antizipationen,
Die speisen Jahr um Jahr voraus.
Die Schweine kommen nicht zu Fette,
Verpfändet ist der Pfühl im Bette,
Und auf den Tisch kommt vorgegessen Brot.

Kaiser

Sag, weißt du Narr nicht auch noch eine Not?

Mephistopheles

Ich? Keineswegs. Den Glanz umher zu schauen,
Dich und die Deinen! – Mangelte Vertrauen,
Wo Majestät unweigerlich gebeut,
Bereite Macht Feindseliges zerstreut?
Wo guter Wille, kräftig durch Verstand,
Und Tätigkeit, vielfältige, zur Hand?
Was könnte da zum Unheil sich vereinen,
Zur Finsternis, wo solche Sterne scheinen?

Gemurmel

Das ist ein Schalk – Der's wohl versteht –
Er lügt sich ein – So lang' es geht –
Ich weiß schon – Was dahinter steckt –
Und was denn weiter? – Ein Projekt –

Mephistopheles

Wo fehlt's nicht irgendwo auf dieser Welt?
Dem dies, dem das, hier aber fehlt das Geld.
Vom Estrich zwar ist es nicht aufzuraffen;
Doch Weisheit weiß das Tiefste herzuschaffen.
In Bergesadern, Mauergründen
Ist Gold gemünzt und ungemünzt zu finden,
Und fragt ihr mich, wer es zutage schafft:
Begabten Manns Natur- und Geisteskraft.

Kanzler

Natur und Geist – so spricht man nicht zu Christen.
Deshalb verbrennt man Atheisten,
Weil solche Reden höchst gefährlich sind.
Natur ist Sünde, Geist ist Teufel,
Sie hegen zwischen sich den Zweifel,
Ihr mißgestaltet Zwitterkind.
Uns nicht so! – Kaisers alten Landen
Sind zwei Geschlechter nur entstanden,
Sie stützen würdig seinen Thron:

Die Heiligen sind es und die Ritter;
Sie stehen jedem Ungewitter
Und nehmen Kirch' und Staat zum Lohn.
Dem Pöbelsinn verworrner Geister
Entwickelt sich ein Widerstand:
Die Ketzer sind's! die Hexenmeister!
Und sie verderben Stadt und Land.
Die willst du nun mit frechen Scherzen
In diese hohen Kreise schwärzen;
Ihr hegt euch an verderbtem Herzen,
Dem Narren sind sie nah verwandt.

Mephistopheles

Daran erkenn' ich den gelehrten Herrn!
Was ihr nicht tastet, steht euch meilenfern,
Was ihr nicht faßt, das fehlt euch ganz und gar,
Was ihr nicht rechnet, glaubt ihr, sei nicht wahr,
Was ihr nicht wägt, hat für euch kein Gewicht,
Was ihr nicht münzt, das, meint ihr, gelte nicht.

Kaiser

Dadurch sind unsre Mängel nicht erledigt,
Was willst du jetzt mit deiner Fastenpredigt?
Ich habe satt das ewige Wie und Wenn;
Es fehlt an Geld, nun gut, so schaff es denn.

Mephistopheles

Ich schaffe, was ihr wollt, und schaffe mehr;
Zwar ist es leicht, doch ist das Leichte schwer;
Es liegt schon da, doch um es zu erlangen,
Das ist die Kunst, wer weiß es anzufangen?
Bedenkt doch nur: in jenen Schreckensläuften,
Wo Menschenfluten Land und Volk ersäuften,
Wie der und der, so sehr es ihn erschreckte,
Sein Liebstes da- und dortwohin versteckte.
So war's von je in mächtiger Römer Zeit,
Und so fortan, bis gestern, ja bis heut.

Das alles liegt im Boden still begraben,
Der Boden ist des Kaisers, der soll's haben.

Schatzmeister

Für einen Narren spricht er gar nicht schlecht,
Das ist fürwahr des alten Kaisers Recht.

Kanzler

Der Satan legt euch goldgewirkte Schlingen:
Es geht nicht zu mit frommen rechten Dingen.

Marschalk

Schafft' er uns nur zu Hof willkommne Gaben,
Ich wollte gern ein bißchen Unrecht haben.

Heermeister

Der Narr ist klug, verspricht, was jedem frommt;
Fragt der Soldat doch nicht, woher es kommt.

Mephistopheles

Und glaubt ihr euch vielleicht durch mich betrogen,
Hier steht ein Mann! da, fragt den Astrologen!
In Kreis' um Kreise kennt er Stund' und Haus;
So sage denn: wie sieht's am Himmel aus?

Gemurmel

Zwei Schelme sind's – Verstehn sich schon –
Narr und Phantast – So nah dem Thron –
Ein mattgesungen – Alt Gedicht –
Der Tor bläst ein – Der Weise spricht –

Astrolog

Die Sonne selbst, sie ist ein lautres Gold,
Merkur, der Bote, dient um Gunst und Sold,
Frau Venus hat's euch allen angetan,
So früh als spat blickt sie euch lieblich an;
Die keusche Luna launet grillenhaft;
Mars, trifft er nicht, so dräut euch seine Kraft.
Und Jupiter bleibt doch der schönste Schein,
Saturn ist groß, dem Auge fern und klein.
Ihn als Metall verehren wir nicht sehr,

An Wert gering, doch im Gewichte schwer.
Ja! wenn zu Sol sich Luna fein gesellt,
Zum Silber Gold, dann ist es heitre Welt;
Das übrige ist alles zu erlangen:
Paläste, Gärten, brüstlein, rote Wangen,
Das alles schafft der hochgelahrte Mann,
Der das vermag, was unser keiner kann.

Kaiser

Ich höre doppelt, was er spricht,
Und dennoch überzeugt's mich nicht.

Gemurmel

Was soll uns das? – Gedroschner Spaß –
Kalenderei – Chymisterei –
Das hört' ich oft – Und falsch gehofft –
Und kommt er auch – So ist's ein Gauch –

Mephistopheles

Da stehen sie umher und staunen,
Vertrauen nicht dem hohen Fund,
Der eine faselt von Alraunen,
Der andre von dem schwarzen Hund.
Was soll es, daß der eine witzelt,
Ein andrer Zauberei verklagt,
Wenn ihm doch auch einmal die Sohle kitzelt,
Wenn ihm der sichre Schritt versagt.
Ihr alle fühlt geheimes Wirken
Der ewig waltenden Natur,
Und aus den untersten Bezirken
Schmiegt sich herauf lebend'ge Spur.
Wenn es in allen Gliedern zwackt,
Wenn es unheimlich wird am Platz,
Nur gleich entschlossen grabt und hackt,
Da liegt der Spielmann, liegt der Schatz!

Gemurmel

Mir liegt's im Fuß wie Bleigewicht –
Mir krampft's im Arme – Das ist Gicht –

Mir krabbelt's an der großen Zeh' –
Mir tut der ganze Rücken weh –
Nach solchen Zeichen wäre hier
Das allerreichste Schatzrevier.

Kaiser

Nur eilig! du entschlüpfst nicht wieder,
Erprobe deine Lügenschäume
Und zeig uns gleich die edlen Räume.
Ich lege Schwert und Zepter nieder
Und will mit eignen hohen Händen,
Wenn du nicht lügst, das Werk vollenden,
Dich, wenn du lügst, zur Hölle senden!

Mephistopheles

Den Weg dahin wüßt' allenfalls zu finden –
Doch kann ich nicht genug verkünden,
Was übcrall besitzlos harrend liegt.
Der Bauer, der die Furche pflügt,
Hebt einen Goldtopf mit der Scholle,
Salpeter hofft er von der Leimenwand
Und findet golden-goldne Rolle
Erschreckt, erfreut in kümmerlicher Hand.
Was für Gewölbe sind zu sprengen,
In welchen Klüften, welchen Gängen
Muß sich der Schatzbewußte drängen,
Zur Nachbarschaft der Unterwelt!
In weiten, altverwahrten Kellern
Von goldnen Humpen, Schüsseln, Tellern
Sieht er sich Reihen aufgestellt;
Pokale stehen aus Rubinen,
Und will er deren sich bedienen,
Daneben liegt uraltes Naß.
Doch – werdet ihr dem Kundigen glauben –
Verfault ist längst das Holz der Dauben,
Der Weinstein schuf dem Wein ein Faß.
Essenzen solcher edlen Weine,
Gold und Juwelen nicht alleine

Umhüllen sich mit Nacht und Graus.
Der Weise forscht hier unverdrossen;
Am Tag erkennen, das sind Possen,
Im Finstern sind Mysterien zu Haus.

Kaiser

Die lass' ich dir! Was will das Düstre frommen?
Hat etwas Wert, es muß zu Tage kommen.
Wer kennt den Schelm in tiefer Nacht genau?
Schwarz sind die Kühe, so die Katzen grau.
Die Töpfe drunten, voll von Goldgewicht –
Zieh deinen Pflug und ackre sie ans Licht.

Mephistopheles

Nimm Hack' und Spaten, grabe selber,
Die Bauernarbeit macht dich groß,
Und eine Herde goldner Kälber,
Sie reißen sich vom Boden los.
Dann ohne Zaudern, mit Entzücken
Kannst du dich selbst, wirst die Geliebte schmücken;
Ein leuchtend Farb- und Glanzgestein erhöht
Die Schönheit wie die Majestät.

Kaiser

Nur gleich, nur gleich! Wie lange soll es währen!

Astrolog

Herr, mäßige solch dringendes Begehren,
Laß erst vorbei das bunte Freudenspiel;
Zerstreutes Wesen führt uns nicht zum Ziel.
Erst müssen wir in Fassung uns versühnen,
Das Untre durch das Obere berdienen.
Wer Gutes will, der sei erst gut;
Wer Freude will, besänftige sein Blut;
Wer Wein verlangt, der keltre reife Trauben;
Wer Wunder hofft, der stärke seinen Glauben.

Kaiser

So sei die Zeit in Fröhlichkeit vertan!

Und ganz erwünscht kommt Aschermittwoch an.
Indessen feiern wir, auf jeden Fall,
Nur lustiger das wilde Karneval.

Mephistopheles

Wie sich Verdienst und Glück verketten,
Das fällt den Toren niemals ein;
Wenn sie den Stein der Weisen hätten,
Der Weise mangelte dem Stein.

Weitläufiger Saal mit Nebengemächern

Herold

Denkt nicht, ihr seid in deutschen Grenzen
Von Teufels-, Narren- und Totentänzen;
Ein heitres Fest erwartet euch.
Der Herr, auf seinen Römerzügen,
Hat, sich zu Nutz, euch zum Vergnügen,
Die hohen Alpen überstiegen,
Gewonnen sich ein heitres Reich.
Der Kaiser, er, an heiligen Sohlen
Erbat sich erst das Recht zur Macht,
Und als er ging, die Krone sich zu holen,
Hat er uns auch die Kappe mitgebracht.
Nun sind wir alle neugeboren;
Ein jeder weltgewandte Mann
Zieht sie behaglich über Kopf und Ohren;
Sie ähnelt ihn verrückten Toren,
Er ist darunter weise, wie er kann.
Ich sehe schon, wie sie sich scharen,
Sich schwankend sondern, traulich paaren;
Zudringlich schließt sich Chor an Chor.
Herein, hinaus, nur unverdrossen;
Es bleibt doch endlich nach wie vor
Mit ihren hunderttausend Possen
Die Welt ein einzig großer Tor.

Gärtnerinnen

Euren Beifall zu gewinnen,
Schmückten wir uns diese Nacht,
Junge Florentinerinnen
Folgten deutschen Hofes Pracht;
Tragen wir in braunen Locken
Mancher heitern Blume Zier;
Seidenfäden, Seidenflocken
Spielen ihre Rolle hier.
Denn wir halten es verdienstlich,
Lobenswürdig ganz und gar,
Unsere Blumen, glänzend künstlich,
Blühen fort das ganze Jahr.
Allerlei gefärbten Schnitzeln
Ward symmetrisch Recht getan;
Mögt ihr Stück für Stück bewitzeln,
Doch das Ganze zieht euch an.
Niedlich sind wir anzuschauen,
Gärtnerinnen und galant;
Denn das Naturell der Frauen
Ist so nah mit Kunst verwandt.

Herold

Laßt die reichen Körbe sehen,
Die ihr auf den Häupten traget,
Die sich bunt am Arme blähen,
Jeder wähle, was behaget.
Eilig, daß in Laub und Gängen
Sich ein Garten offenbare!
Würdig sind sie zu umdrängen,
Krämerinnen wie die Ware.

Gärtnerinnen

Feilschet nun am heitern Orte,
Doch kein Markten finde statt!
Und mit sinnig kurzem Worte
Wisse jeder, was er hat.

Olivenzweig mit Früchten
Keinen Blumenflor beneid' ich,
Allen Widerstreit vermeid' ich;
Mir ist's gegen die Natur:
Bin ich doch das Mark der Lande
Und, zum sichern Unterpfande,
Friedenszeichen jeder Flur.
Heute, hoff' ich, soll mir's glücken,
Würdig schönes Haupt zu schmücken.

Ährenkranz
Ceres' Gaben, euch zu putzen,
Werden hold und lieblich stehn:
Das Erwünschteste dem Nutzen
Sei als eure Zierde schön.

Phantasiekranz
Bunte Blumen, Malven ähnlich,
Aus dem Moos ein Wunderflor!
Der Natur ist's nicht gewöhnlich,
Doch die Mode bringt's hervor.

Phantasiestrauss
Meinen Namen euch zu sagen,
Würde Theophrast nicht wagen;
Und doch hoff' ich, wo nicht allen,
Aber mancher zu gefallen,
Der ich mich wohl eignen möchte,
Wenn sie mich ins Haar verflöchte,
Wenn sie sich entschließen könnte,
Mir am Herzen Platz vergönnte.

Rosenknospen
Mögen bunte Phantasieen
Für des Tages Mode blühen,
Wunderseltsam sein gestaltet,
Wie Natur sich nie entfaltet;
Grüne Stiele, goldne Glocken,
Blickt hervor aus reichen Locken! –

Doch wir – halten uns versteckt:
Glücklich, wer uns frisch entdeckt.
Wenn der Sommer sich verkündet,
Rosenknospe sich entzündet,
Wer mag solches Glück entbehren?
Das Versprechen, das Gewähren,
Das beherrscht in Florens Reich
Blick und Sinn und Herz zugleich.

Gärtner

Blumen sehet ruhig sprießen,
Reizend euer Haupt umzieren;
Früchte wollen nicht verführen,
Kostend mag man sie genießen.
Bieten bräunliche Gesichter
Kirschen, Pfirschen, Königspflaumen,
Kauft! denn gegen Zung' und Gaumen
Hält sich Auge schlecht als Richter.
Kommt, von allerreifsten Früchten
Mit Geschmack und Lust zu speisen!
über Rosen läßt sich dichten,
In die äpfel muß man beißen.
Sei's erlaubt, uns anzupaaren
Eurem reichen Jugendflor,
Und wir putzen reifer Waren
Fülle nachbarlich empor.
Unter lustigen Gewinden,
In geschmückter Lauben Bucht,
Alles ist zugleich zu finden:
Knospe, Blätter, Blume, Frucht.

Mutter

Mädchen, als du kamst ans Licht,
Schmückt' ich dich im Häubchen;
Warst so lieblich von Gesicht
Und so zart am Leibchen.
Dachte dich sogleich als Braut,
Gleich dem Reichsten angetraut,

Dachte dich als Weibchen.
Ach! Nun ist schon manches Jahr
Ungenützt verflogen,
Der Sponsierer bunte Schar
Schnell vorbeigezogen;
Tanztest mit dem einen flink,
Gabst dem andern feinen Wink
Mit dem Ellenbogen.
Welches Fest man auch ersann,
Ward umsonst begangen,
Pfänderspiel und dritter Mann
Wollten nicht verfangen;
Heute sind die Narren los,
Liebchen, öffne deinen Schoß,
Bleibt wohl einer hangen.

Holzhauer

Nur Platz! nur Blöße!
Wir brauchen Räume,
Wir fällen Bäume,
Die krachen, schlagen;
Und wenn wir tragen,
Da gibt es Stöße.
Zu unserm Lobe
Bringt dies ins reine;
Denn wirkten Grobe
Nicht auch im Lande,
Wie kämen Feine
Für sich zustande,
So sehr sie witzten?
Des seid belehret!
Denn ihr erfröret,
Wenn wir nicht schwitzten.

Pulcinelle

Ihr seid die Toren,
Gebückt geboren.
Wir sind die Klugen,

Die nie was trugen;
Denn unsre Kappen,
Jacken und Lappen
Sind leicht zu tragen;
Und mit Behagen
Wir immer müßig,
Pantoffelfüßig,
Durch Markt und Haufen
Einherzulaufen,
Gaffend zu stehen,
Uns anzukrähen;
Auf solche Klänge
Durch Drang und Menge
Aalgleich zu schlüpfen,
Gesamt zu hüpfen,
Vereint zu toben.
Ihr mögt uns loben,
Ihr mögt uns schelten,
Wir lassen's gelten.

Parasiten

Ihr wackern Träger
Und eure Schwäger,
Die Kohlenbrenner,
Sind unsre Männer.
Denn alles Bücken,
Bejahndes Nicken,
Gewundne Phrasen,
Das Doppelblasen,
Das wärmt und kühlet,
Wie's einer fühlet,
Was könnt' es frommen?
Es möchte Feuer
Selbst ungeheuer
Vom Himmel kommen,
Gäb' es nicht Scheite
Und Kohlentrachten,

Die Herdesbreite
Zur Glut entfachten.
Da brät's und prudelt's,
Da kocht's und strudelt's.
Der wahre Schmecker,
Der Tellerlecker,
Er riecht den Braten,
Er ahnet Fische;
Das regt zu Taten
An Gönners Tische.

Trunkner

Sei mir heute nichts zuwider!
Fühle mich so frank und frei;
Frische Lust und heitre Lieder,
Holt' ich selbst sie doch herbei.
Und so trink' ich! Trinke, trinke!
Stoßet an, ihr! Tinke, Tinke!
Du dorthinten, komm heran!
Stoßet an, so ist's getan.
Schrie mein Weibchen doch entrüstet,
Rümpfte diesem bunten Rock,
Und, wie sehr ich mich gebrüstet,
Schalt mich einen Maskenstock.
Doch ich trinke! Trinke, trinke!
Angeklungen! Tinke, Tinke!
Maskenstöcke, stoßet an!
Wenn es klingt, so ist's getan.
Saget nicht, daß ich verirrt bin,
Bin ich doch, wo mir's behagt.
Borgt der Wirt nicht, borgt die Wirtin,
Und am Ende borgt die Magd.
Immer trink' ich! Trinke, trinke!
Auf, ihr andern! Tinke, Tinke!
Jeder jedem! so fortan!
Dünkt mich's doch, es sei getan.
Wie und wo ich mich vergnüge,

Mag es immerhin geschehn;
Laß mich liegen, wo ich liege,
Denn ich mag nicht länger stehn.

Chor

Jeder Bruder trinke, trinke!
Toastet frisch ein Tinke, Tinke!
Sitzet fest auf Bank und Span!
Unterm Tisch dem ist's getan.

Satiriker

Wißt ihr, was mich Poeten
Erst recht erfreuen sollte?
Dürft' ich singen und reden,
Was niemand hören wollte.

Aglaia

Anmut bringen wir ins Leben;
Leget Anmut in das Geben.

Hegemone

Leget Anmut ins Empfangen,
Lieblich ist's, den Wunsch erlangen.

Euphrosyne

Und in stiller Tage Schranken
Höchst anmutig sei das Danken.

Atropos

Mich, die älteste, zum Spinnen
Hat man diesmal eingeladen;
Viel zu denken, viel zu sinnen
Gibt's beim zarten Lebensfaden.
Daß er euch gelenk und weich sei,
Wußt' ich feinsten Flachs zu sichten;
Daß er glatt und schlank und gleich sei,
Wird der kluge Finger schlichten.
Wolltet ihr bei Lust und Tänzen
Allzu üppig euch erweisen,

Denkt an dieses Fadens Grenzen,
Hütet euch! Er möchte reißen.

Klotho

Wißt, in diesen letzten Tagen
Ward die Schere mir vertraut;
Denn man war von dem Betragen
Unsrer Alten nicht erbaut.
Zerrt unnützeste Gespinste
Lange sie an Licht und Luft,
Hoffnung herrlichster Gewinste
Schleppt sie schneidend zu der Gruft.
Doch auch ich im Jugendwalten
Irrte mich schon hundertmal;
Heute mich im Zaum zu halten,
Schere steckt im Futteral.
Und so bin ich gern gebunden,
Blicke freundlich diesem Ort;
Ihr in diesen freien Stunden
Schwärmt nur immer fort und fort.

Lachesis

Mir, die ich allein verständig,
Blieb das Ordnen zugeteilt;
Meine Weife, stets lebendig,
Hat noch nie sich übereilt.
Fäden kommen, Fäden weifen,
Jeden lenk' ich seine Bahn,
Keinen lass' ich überschweifen,
Füg' er sich im Kreis heran.
Könnt' ich einmal mich vergessen,
Wär' es um die Welt mir bang;
Stunden zählen, Jahre messen,
Und der Weber nimmt den Strang.

Herold

Die jetzo kommen, werdet ihr nicht kennen,
Wärt ihr noch so gelehrt in alten Schriften;

Sie anzusehn, die so viel übel stiften,
Ihr würdet sie willkommne Gäste nennen.
Die *Furien* sind es, niemand wird uns glauben,
Hübsch, wohlgestaltet, freundlich, jung von Jahren;
Laßt euch mit ihnen ein, ihr sollt erfahren,
Wie schlangenhaft verletzen solche Tauben.
Zwar sind sie tückisch, doch am heutigen Tage,
Wo jeder Narr sich rühmet seiner Mängel,
Auch sie verlangen nicht den Ruhm als Engel,
Bekennen sich als Stadt- und Landesplage.

Alekto Was hilft es euch? ihr werdet uns vertrauen,
Denn wir sind hübsch und jung und Schmeichelkätzchen;
Hat einer unter euch ein Liebeschätzchen,
Wir werden ihm so lang die Ohren krauen,
Bis wir ihm sagen dürfen, Aug' in Auge:
Daß sie zugleich auch dem und jenem winke,
Im Kopfe dumm, im Rücken krumm, und hinke
Und, wenn sie seine Braut ist, gar nichts tauge.
So wissen wir die Braut auch zu bedrängen:
Es hat sogar der Freund, vor wenig Wochen,
Verächtliches von ihr zu *der* gesprochen! –
Versöhnt man sich, so bleibt doch etwas hängen.

Megära
Das ist nur Spaß! denn, sind sie erst verbunden,
Ich nehm' es auf und weiß; in allen Fällen,
Das schönste Glück durch Grille zu vergällen;
Der Mensch ist ungleich, ungleich sind die Stunden.
Und niemand hat Erwünschtes fest in Armen,
Der sich nicht nach Erwünschterem törig sehnte,
Vom höchsten Glück, woran er sich gewöhnte;
Die Sonne flieht er, will den Frost erwarmen.
Mit diesem allen weiß ich zu gebaren
Und führe her Asmodi, den Getreuen,
Zu rechter Zeit Unseliges auszustreuen,
Verderbe so das Menschenvolk in Paaren.

Tisiphone

Gift und Dolch statt böser Zungen
Misch' ich, schärf' ich dem Verräter;
Liebst du andre, früher, später
Hat Verderben dich durchdrungen.
Muß der Augenblicke Süßtes
Sich zu Gischt und Galle wandeln!
Hier kein Markten, hier kein Handeln –
Wie er es beging', er büßt es.
Singe keiner vom Vergeben!
Felsen klag' ich meine Sache,
Echo! horch! erwidert: Rache!
Und wer wechselt, soll nicht leben.

Herold

Belieb' es euch, zur Seite wegzuweichen,
Denn was jetzt kommt, ist nicht von euresgleichen.
Ihr seht, wie sich ein Berg herangedrängt,
Mit bunten Teppichen die Weichen stolz behängt,
Ein Haupt mit langen Zähnen, Schlangenrüssel,
Geheimnisvoll, doch zeig' ich euch den Schlüssel.
Im Nacken sitzt ihm zierlich-zarte Frau,
Mit feinem Stäbchen lenkt sie ihn genau;
Die andre, droben stehend herrlich-hehr,
Umgibt ein Glanz, der blendet mich zu sehr.
Zur Seite gehn gekettet edle Frauen,
Die eine bang, die andre froh zu schauen;
Die eine wünscht, die andre fühlt sich frei.
Verkünde jede, wer sie sei.

Furcht

Dunstige Fackeln, Lampen, Lichter
Dämmern durchs verworrne Fest;
Zwischen diese Truggesichter
Bannt mich, ach! die Kette fest.
Fort, ihr lächerlichen Lacher!
Euer Grinsen gibt Verdacht;
Alle meine Widersacher

Drängen mich in dieser Nacht.
Hier! ein Freund ist Feind geworden,
Seine Maske kenn' ich schon;
Jener wollte mich ermorden,
Nun entdeckt schleicht er davon.
Ach wie gern in jeder Richtung
Flöh' ich zu der Welt hinaus;
Doch von drüben droht Vernichtung,
Hält mich zwischen Dunst und Graus.

Hoffnung

Seid gegrüßt, ihr lieben Schwestern!
Habt ihr euch schon heut' und gestern
In Vermummungen gefallen,
Weiß ich doch gewiß von allen:
Morgen wollt ihr euch enthüllen.
Und wenn wir bei Fackelscheine
Uns nicht sonderlich behagen,
Werden wir in heitern Tagen
Ganz nach unserm eignen Willen
Bald gesellig, bald alleine
Frei durch schöne Fluren wandeln,
Nach Belieben ruhn und handeln
Und in sorgenfreiem Leben
Nie entbehren, stets erstreben;
überall willkommne Gäste,
Treten wir getrost hinein:
Sicherlich, es muß das Beste
Irgendwo zu finden sein.

Klugheit

Zwei der größten Menschenfeinde,
Furcht und Hoffnung, angekettet,
Halt' ich ab von der Gemeinde;
Platz gemacht! ihr seid gerettet.
Den lebendigen Kolossen
Führ' ich, seht ihr, turmbeladen,
Und er wandelt unverdrossen

Schritt vor Schritt auf steilen Pfaden.
Droben aber auf der Zinne
Jene Göttin, mit behenden
Breiten Flügeln, zum Gewinne
Allerseits sich hinzuwenden.
Rings umgibt sie Glanz und Glorie,
Leuchtend fern nach allen Seiten;
Und sie nennet sich Viktorie,
Göttin aller Tätigkeiten.

Zoilo-thersites

Hu! Hu! da komm' ich eben recht,
Ich schelt' euch allzusammen schlecht!
Doch was ich mir zum Ziel ersah,
Ist oben Frau Viktoria.
Mit ihrem weißen Flügelpaar
Sie dünkt sich wohl, sie sei ein Aar,
Und wo sie sich nur hingewandt,
Gehör' ihr alles Volk und Land;
Doch, wo was Rühmliches gelingt,
Es mich sogleich in Harnisch bringt.
Das Tiefe hoch, das Hohe tief,
Das Schiefe grad, das Grade schief,
Das ganz allein macht mich gesund,
So will ich's auf dem Erdenrund.

Herold

So treffe dich, du Lumpenhund,
Des frommen Stabes Meisterstreich!
Da krümm und winde dich sogleich! –
Wie sich die Doppelzwerggestalt
So schnell zum eklen Klumpen ballt! –
– Doch Wunder! – Klumpen wird zum Ei,
Das bläht sich auf und platzt entzwei.
Nun fällt ein Zwillingspaar heraus,
Die Otter und die Fledermaus;
Die eine fort im Staube kriecht,
Die andre schwarz zur Decke fliegt.

Sie eilen draußen zum Verein;
Da möcht' ich nicht der dritte sein.

Gemurmel

Frisch! dahinten tanzt man schon –
Nein! Ich wollt', ich wär' davon –
Fühlst du, wie uns das umflicht,
Das gespenstische Gezücht? –
Saust es mir doch übers Haar –
Ward ich's doch am Fuß gewahr –
Keiner ist von uns verletzt –
Alle doch in Furcht gesetzt –
Ganz verdorben ist der Spaß –
Und die Bestien wollten das.

Herold

Seit mir sind bei Maskeraden
Heroldspflichten aufgeladen,
Wach' ich ernstlich an der Pforte,
Daß euch hier am lustigen Orte
Nichts Verderbliches erschleiche,
Weder wanke, weder weiche.
Doch ich fürchte, durch die Fenster
Ziehen luftige Gespenster,
Und von Spuk und Zaubereien
Wüßt' ich euch nicht zu befreien.
Machte sich der Zwerg verdächtig,
Nun! dort hinten strömt es mächtig.
Die Bedeutung der Gestalten
Möcht' ich amtsgemäß entfalten.
Aber was nicht zu begreifen,
Wüßt' ich auch nicht zu erklären;
Helfet alle mich belehren! –
Seht ihr's durch die Menge schweifen?
Vierbespannt ein prächtiger Wagen
Wird durch alles durchgetragen;
Doch er teilet nicht die Menge,
Nirgend seh' ich ein Gedränge.

Farbig glitzert's in der Ferne,
Irrend leuchten bunte Sterne
Wie von magischer Laterne,
Schnaubt heran mit Sturmgewalt.
Platz gemacht! Mich schaudert's! –

Knabe Wagenlenker

Halt!
Rosse, hemmet eure Flügel,
Fühlet den gewohnten Zügel,
Meistert euch, wie ich euch meistre,
Rauschet hin, wenn ich begeistre –
Diese Räume laßt uns ehren!
Schaut umher, wie sie sich mehren,
Die Bewundrer, Kreis um Kreise.
Herold auf! nach deiner Weise,
Ehe wir von euch entfliehen,
Uns zu schildern, uns zu nennen;
Denn wir sind Allegorien,
Und so solltest du uns kennen.

Herold

Wüßte nicht, dich zu benennen;
Eher könnt' ich dich beschreiben.

Knabe Lenker

So probier's! –

Herold

Man muß gestehn:
Erstlich bist du jung und schön.
Halbwüchsiger Knabe bist du; doch die Frauen,
Sie möchten dich ganz ausgewachsen schauen.
Du scheinest mir ein künftiger Sponsierer,
Recht so von Haus aus ein Verführer.

Knabe Lenker

Das läßt sich hören! fahre fort,
Erfinde dir des Rätsels heitres Wort.

Herold

Der Augen schwarzer Blitz, die Nacht der Locken,
Erheitert von juwelnem Band!
Und welch ein zierliches Gewand
Fließt dir von Schultern zu den Socken,
Mit Purpursaum und Glitzertand!
Man könnte dich ein Mädchen schelten;
Doch würdest du, zu Wohl und Weh,
Auch jetzo schon bei Mädchen gelten,
Sie lehrten dich das ABC.

Knabe Lenker

Und dieser, der als Prachtgebilde
Hier auf dem Wagenthrone prangt?

Herold

Er scheint ein König reich und milde,
Wohl dem, der seine Gunst erlangt!
Er hat nichts weiter zu erstreben,
Wo's irgend fehlte, späht sein Blick,
Und seine reine Lust zu geben
Ist größer als Besitz und Glück.

Knabe Lenker

Hiebei darfst du nicht stehen bleiben,
Du mußt ihn recht genau beschreiben.

Herold

Das Würdige beschreibt sich nicht.
Doch das gesunde Mondgesicht,
Ein voller Mund, erblühte Wangen,
Die unterm Schmuck des Turbans prangen;
Im Faltenkleid ein reich Behagen!
Was soll ich von dem Anstand sagen?
Als Herrscher scheint er mir bekannt.

Knabe Lenker

Plutus, des Reichtums Gott genannt!

Derselbe kommt in Prunk daher,
Der hohe Kaiser wünscht ihn sehr.

Herold

Sag von dir selber auch das *Was* und *Wie!*

Knabe Lenker

Bin die Verschwendung, bin die Poesie;
Bin der Poet, der sich vollendet,
Wenn er sein eigenst Gut verschwendet.
Auch ich bin unermeßlich reich
Und schätze mich dem Plutus gleich,
Beleb' und schmück' ihm Tanz und Schmaus,
Das, was ihm fehlt, das teil' ich aus.

Herold

Das Prahlen steht dir gar zu schön,
Doch laß uns deine Künste sehn.

Knabe Lenker

Hier seht mich nur ein Schnippchen schlagen,
Schon glänzt's und glitzert's um den Wagen.
Da springt eine Perlenschnur hervor!
Nehmt goldne Spange für Hals und Ohr;
Auch Kamm und Krönchen ohne Fehl,
In Ringen köstlichstes Juwel;
Auch Flämmchen spend' ich dann und wann,
Erwartend, wo es zünden kann.

Herold

Wie greift und hascht die liebe Menge!
Fast kommt der Geber ins Gedränge.
Kleinode schnippt er wie ein Traum,
Und alles hascht im weiten Raum.
Doch da erleb' ich neue Pfiffe:
Was einer noch so emsig griffe,
Des hat er wirklich schlechten Lohn,
Die Gabe flattert ihm davon.
Es löst sich auf das Perlenband,

Ihm krabbeln Käfer in der Hand,
Er wirft sie weg, der arme Tropf,
Und sie umsummen ihm den Kopf.
Die andern statt solider Dinge
Erhaschen frevle Schmetterlinge.
Wie doch der Schelm so viel verheißt
Und nur verleiht, was golden gleißt!

Knabe Lenker

Zwar Masken, merk' ich, weißt du zu verkünden,
Allein der Schale Wesen zu ergründen,
Sind Herolds Hofgeschäfte nicht;
Das fordert schärferes Gesicht.
Doch hüt' ich mich vor jeder Fehde;
An dich, Gebieter, wend' ich Frag' und Rede.
Hast du mir nicht die Windesbraut
Des Viergespannes anvertraut?
Lenk' ich nicht glücklich, wie du leitest?
Bin ich nicht da, wohin du deutest?
Und wußt' ich nicht auf kühnen Schwingen
Für dich die Palme zu erringen?
Wie oft ich auch für dich gefochten,
Mir ist es jederzeit geglückt:
Wenn Lorbeer deine Stirne schmückt,
Hab' ich ihn nicht mit Sinn und Hand geflochten?

Plutus

Wenn's nötig ist, daß ich dir Zeugnis leiste,
So sag' ich gern: Bist Geist von meinem Geiste.
Du handelst stets nach meinem Sinn,
Bist reicher, als ich selber bin.
Ich schätze, deinen Dienst zu lohnen,
Den grünen Zweig vor allen meinen Kronen.
Ein wahres Wort verkünd' ich allen:
Mein lieber Sohn, an dir hab' ich Gefallen.

Knabe Lenker

Die größten Gaben meiner Hand,

Seht! hab' ich rings umher gesandt.
Auf dem und jenem Kopfe glüht
Ein Flämmchen, das ich angesprüht;
Von einem zu dem andern hüpft's,
An diesem hält sich's, dem entschlüpft's,
Gar selten aber flammt's empor,
Und leuchtet rasch in kurzem Flor;
Doch vielen, eh' man's noch erkannt,
Verlischt es, traurig ausgebrannt.

Weibergeklatsch

Da droben auf dem Viergespann
Das ist gewiß ein Scharlatan;
Gekauzt da hintendrauf Hanswurst,
Doch abgezehrt von Hunger und Durst,
Wie man ihn niemals noch erblickt;
Er fühlt wohl nicht, wenn man ihn zwickt.

Der Abgemagerte

Vom Leibe mir, ekles Weibsgeschlecht!
Ich weiß, dir komm' ich niemals recht. –
Wie noch die Frau den Herd versah,
Da hieß ich Avaritia;
Da stand es gut um unser Haus:
Nur viel herein und nichts hinaus!
Ich eiferte für Kist' und Schrein;
Das sollte wohl gar ein Laster sein.
Doch als in allerneusten Jahren
Das Weib nicht mehr gewohnt zu sparen,
Und, wie ein jeder böser Zahler,
Weit mehr Begierden hat als Taler,
Da bleibt dem Manne viel zu dulden,
Wo er nur hinsieht, da sind Schulden.
Sie wendet's, kann sie was erspulen,
An ihren Leib, an ihren Buhlen;
Auch speist sie besser, trinkt noch mehr
Mit der Sponsierer leidigem Heer;

Das steigert mir des Goldes Reiz:
Bin männlichen Geschlechts, der Geiz!

Hauptweib

Mit Drachen mag der Drache geizen;
Ist's doch am Ende Lug und Trug!
Er kommt, die Männer aufzureizen,
Sie sind schon unbequem genug.

Weiber in Masse

Der Strohmann! Reich ihm eine Schlappe!
Was will das Marterholz uns dräun?
Wir sollen seine Fratze scheun!
Die Drachen sind von Holz und Pappe,
Frisch an und dringt auf ihn hinein!

Herold

Bei meinem Stabe! Ruh gehalten! –
Doch braucht es meiner Hülfe kaum;
Seht, wie die grimmen Ungestalten,
Bewegt im rasch gewonnenen Raum,
Das Doppel-Flügelpaar entfalten.
Entrüstet schütteln sich der Drachen
Umschuppte, feuerspeiende Rachen;
Die Menge flieht, rein ist der Platz.

Herold

Er tritt herab, wie königlich!
Er winkt, die Drachen rühren sich,
Die Kiste haben sie vom Wagen
Mit Gold und Geiz herangetragen,
Sie steht zu seinen Füßen da:
Ein Wunder ist es, wie's geschah.

Plutus

Nun bist du los der allzulästigen Schwere,
Bist frei und frank, nun frisch zu deiner Sphäre!
Hier ist sie nicht! Verworren, scheckig, wild
Umdrängt uns hier ein fratzenhaft Gebild.

Nur wo du klar ins holde Klare schaust,
Dir angehörst und dir allein vertraust,
Dorthin, wo Schönes, Gutes nur gefällt,
Zur Einsamkeit! – Da schaffe deine Welt.

Knabe Lenker

So acht' ich mich als werten Abgesandten,
So lieb' ich dich als nächsten Anverwandten.
Wo du verweilst, ist Fülle; wo ich bin,
Fühlt jeder sich im herrlichsten Gewinn.
Auch schwankt er oft im widersinnigen Leben:
Soll er sich dir? soll er sich mir ergeben?
Die Deinen freilich können müßig ruhn,
Doch wer mir folgt, hat immer was zu tun.
Nicht insgeheim vollführ' ich meine Taten,
Ich atme nur, und schon bin ich verraten.
So lebe wohl! Du gönnst mir ja mein Glück;
Doch lisple leis', und gleich bin ich zurück.

Plutus

Nun ist es Zeit, die Schätze zu entfesseln!
Die Schlösser treff' ich mit des Herolds Rute.
Es tut sich auf! schaut her! in ehrnen Kesseln
Entwickelt sich's und wallt von goldnem Blute,
Zunächst der Schmuck von Kronen, Ketten, Ringen;
Es schwillt und droht, ihn schmelzend zu verschlingen.

Wechselgeschrei der Menge

Seht hier, o hin! wie's reichlich quillt,
Die Kiste bis zum Rande füllt. –
Gefäße, goldne, schmelzen sich,
Gemünzte Rollen wälzen sich. –
Dukaten hüpfen wie geprägt,
O wie mir das den Busen regt –
Wie schau' ich alle mein Begehr!
Da kollern sie am Boden her. –
Man bietet's euch, benutzt's nur gleich
Und bückt euch nur und werdet reich. –

Wir andern, rüstig wie der Blitz,
Wir nehmen den Koffer in Besitz.

Herold

Was soll's, ihr Toren? soll mir das?
Es ist ja nur ein Maskenspaß.
Heut abend wird nicht mehr begehrt;
Glaubt ihr, man geb' euch Gold und Wert?
Sind doch für euch in diesem Spiel
Selbst Rechenpfennige zuviel.
Ihr Täppischen! ein artiger Schein
Soll gleich die plumpe Wahrheit sein.
Was soll euch Wahrheit? – Dumpfen Wahn
Packt ihr an allen Zipfeln an. –
Vermummter Plutus, Maskenheld,
Schlag dieses Volk mir aus dem Feld.

Plutus

Dein Stab ist wohl dazu bereit,
Verleih ihn mir auf kurze Zeit. –
Ich tauch' ihn rasch in Sud und Glut. –
Nun, Masken, seid auf eurer Hut!
Wie's blitzt und platzt, in Funken sprüht!
Der Stab, schon ist er angeglüht.
Wer sich zu nah herangedrängt,
Ist unbarmherzig gleich versengt. –
Jetzt fang' ich meinen Umgang an.

Geschrei und Gedräng

O weh! Es ist um uns getan. –
Entfliehe, wer entfliehen kann! –
Zurück, zurück, du Hintermann! –
Mir sprüht er heiß ins Angesicht. –
Mich drückt des glühenden Stabs Gewicht –
Verloren sind wir all' und all'. –
Zurück, zurück, du Maskenschwall!
Zurück, zurück, unsinniger Hauf'! –
O hätt' ich Flügel, flög' ich auf. –

Plutus

Schon ist der Kreis zurückgedrängt,
Und niemand, glaub' ich, ist versengt.
Die Menge weicht,
Sie ist verscheucht. –
Doch solcher Ordnung Unterpfand
Zieh' ich ein unsichtbares Band.

Herold

Du hast ein herrlich Werk vollbracht,
Wie dank' ich deiner klugen Macht!

Plutus

Noch braucht es, edler Freund, Geduld:
Es droht noch mancherlei Tumult.

Geiz

So kann man doch, wenn es beliebt,
Vergnüglich diesen Kreis beschauen;
Denn immerfort sind vornenan die Frauen,
Wo's was zu gaffen, was zu naschen gibt.
Noch bin ich nicht so völlig eingerostet!
Ein schönes Weib ist immer schön;
Und heute, weil es mich nichts kostet,
So wollen wir getrost sponsieren gehn.
Doch weil am überfüllten Orte
Nicht jedem Ohr vernehmlich alle Worte,
Versuch' ich klug und hoff', es soll mir glücken,
Mich pantomimisch deutlich auszudrücken.
Hand, Fuß, Gebärde reicht mir da nicht hin,
Da muß ich mich um einen Schwank bemühn.
Wie feuchten Ton will ich das Gold behandeln,
Denn dies Metall läßt sich in alles wandeln.

Herold

Was fängt der an, der magre Tor!
Hat so ein Hungermann Humor?
Er knetet alles Gold zu Teig,
Ihm wird es untern Händen weich;

Wie er es drückt und wie es ballt,
Bleibt's immer doch nur ungestalt.
Er wendet sich zu den Weibern dort,
Sie schreien alle, möchten fort,
Gebärden sich gar widerwärtig;
Der Schalk erweist sich übelfertig.
Ich fürchte, daß er sich ergetzt,
Wenn er die Sittlichkeit verletzt.
Dazu darf ich nicht schweigsam bleiben,
Gib meinen Stab, ihn zu vertreiben.

Plutus

Er ahnet nicht, was uns von außen droht;
Laß ihn die Narrenteidung treiben!
Ihm wird kein Raum für seine Possen bleiben;
Gesetz ist mächtig, mächtiger ist die Not.

Getümmel und Gesang

Das wilde Heer, es kommt zumal
Von Bergeshöh' und Waldestal,
Unwiderstehlich schreitet's an:
Sie feiren ihren großen Pan.
Sie wissen doch, was keiner weiß,
Und drängen in den leeren Kreis.

Plutus

Ich kenn' euch wohl und euren großen Pan!
Zusammen habt ihr kühnen Schritt getan.
Ich weiß recht gut, was nicht ein jeder weiß,
Und öffne schuldig diesen engen Kreis.
Mag sie ein gut Geschick begleiten!
Das Wunderlichste kann geschehn;
Sie wissen nicht, wohin sie schreiten,
Sie haben sich nicht vorgesehn.

Wildgesang

Geputztes Volk du, Flitterschau!
Sie kommen roh, sie kommen rauh,

In hohem Sprung, in raschem Lauf,
Sie treten derb und tüchtig auf.

Faunen

Die Faunenschar
Im lustigen Tanz,
Den Eichenkranz
Im krausen Haar,
Ein feines zugespitztes Ohr
Dringt an dem Lockenkopf hervor,
Ein stumpfes Näschen, ein breit Gesicht,
Das schadet alles bei Frauen nicht:
Dem Faun, wenn er die Patsche reicht,
Versagt die Schönste den Tanz nicht leicht.

Satyr

Der Satyr hüpft nun hinterdrein
Mit Ziegenfuß und dürrem Bein,
Ihm sollen sie mager und sehnig sein,
Und gemsenartig auf Bergeshöhn
Belustigt er sich, umherzusehn.
In Freiheitsluft erquickt alsdann,
Verhöhnt er Kind und Weib und Mann,
Die tief in Tales Dampf und Rauch
Behaglich meinen, sie lebten auch,
Da ihm doch rein und ungestört
Die Welt dort oben allein gehört.

Gnomen

Da trippelt ein die kleine Schar,
Sie hält nicht gern sich Paar und Paar;
Im moosigen Kleid mit Lämplein hell
Bewegt sich's durcheinander schnell,
Wo jedes für sich selber schafft,
Wie Leucht-Ameisen wimmelhaft;
Und wuselt emsig hin und her,
Beschäftigt in die Kreuz und Quer.
Den frommen Gütchen nah verwandt,

Als Felschirurgen wohlbekannt;
Die hohen Berge schröpfen wir,
Aus vollen Adern schöpfen wir;
Metalle stürzen wir zuhauf,
Mit Gruß getrost: Glück auf! Glück auf!
Das ist von Grund aus wohlgemeint:
Wir sind der guten Menschen Freund.
Doch bringen wir das Gold zu Tag,
Damit man stehlen und kuppeln mag,
Nicht Eisen fehle dem stolzen Mann,
Der allgemeinen Mord ersann.
Und wer die drei Gebot' veracht't,
Sich auch nichts aus den andern macht.
Das alles ist nicht unsre Schuld;
Drum habt so fort, wie wir, Geduld.

Riesen

Die wilden Männer sind s' genannt,
Am Harzgebirge wohlbekannt;
Natürlich nackt in aller Kraft,
Sie kommen sämtlich riesenhaft.
Den Fichtenstamm in rechter Hand
Und um den Leib ein wulstig Band,
Den derbsten Schurz von Zweig und Blatt,
Leibwacht, wie der Papst nicht hat.

Nymphen im Chor

Auch kommt er an! –
Das All der Welt
Wird vorgestellt
Im großen Pan.
Ihr Heitersten, umgebet ihn,
Im Gaukeltanz umschwebet ihn:
Denn weil er ernst und gut dabei,
So will er, daß man fröhlich sei.
Auch unterm blauen Wölbedach
Verhielt' er sich beständig wach;
Doch rieseln ihm die Bäche zu,

Und Lüftlein wiegen ihn mild in Ruh.
Und wenn er zu Mittage schläft,
Sich nicht das Blatt am Zweige regt;
Gesunder Pflanzen Balsamduft
Erfüllt die schweigsam stille Luft;
Die Nymphe darf nicht munter sein,
Und wo sie stand, da schläft sie ein.
Wenn unerwartet mit Gewalt
Dann aber seine Stimm' erschallt,
Wie Blitzes Knattern, Meergebraus,
Dann niemand weiß, wo ein noch aus,
Zerstreut sich tapfres Heer im Feld,
Und im Getümmel bebt der Held.
So Ehre dem, dem Ehre gebührt,
Und Heil ihm, der uns hergeführt!

Deputation der Gnomen

Wenn das glänzend reiche Gute
Fadenweis durch Klüfte streicht,
Nur der klugen Wünschelrute
Seine Labyrinthe zeigt,
Wölben wir in dunklen Grüften
Troglodytisch unser Haus,
Und an reinen Tageslüften
Teilst du Schätze gnädig aus.
Nun entdecken wir hieneben
Eine Quelle wunderbar,
Die bequem verspricht zu geben,
Was kaum zu erreichen war.
Dies vermagst du zu vollenden,
Nimm es, Herr, in deine Hut:
Jeder Schatz in deinen Händen
Kommt der ganzen Welt zugut.

Plutus

Wir müssen uns im hohen Sinne fassen
Und, was geschieht, getrost geschehen lassen,
Du bist ja sonst des stärksten Mutes voll.

Nun wird sich gleich ein Greulichstes eräugnen,
Hartnäckig wird es Welt und Nachwelt leugnen:
Du schreib es treulich in dein Protokoll.

Herold

Die Zwerge führen den großen Pan
Zur Feuerquelle sacht heran;
Sie siedet auf vom tiefsten Schlund,
Dann sinkt sie wieder hinab zum Grund,
Und finster steht der offne Mund;
Wallt wieder auf in Glut und Sud,
Der große Pan steht wohlgemut,
Freut sich des wundersamen Dings,
Und Perlenschaum sprüht rechts und links.
Wie mag er solchem Wesen traun?
Er bückt sich tief hineinzuschaun. –
Nun aber fällt sein Bart hinein! –
Wer mag das glatte Kinn wohl sein?
Die Hand verbirgt es unserm Blick. –
Nun folgt ein großes Ungeschick:
Der Bart entflammt und fliegt zurück,
Entzündet Kranz und Haupt und Brust,
Zu Leiden wandelt sich die Lust. –
Zu löschen läuft die Schar herbei,
Doch keiner bleibt von Flammen frei,
Und wie es patscht und wie es schlägt,
Wird neues Flammen aufgeregt;
Verflochten in das Element,
Ein ganzer Maskenklump verbrennt.
Was aber, hör' ich wird uns kund
Von Ohr zu Ohr, von Mund zu Mund!
O ewig unglücksel'ge Nacht,
Was hast du uns für Leid gebracht!
Verkünden wird der nächste Tag,
Was niemand willig hören mag;
Doch hör' ich aller Orten schrein:
„Der *Kaiser* leidet solche Pein."

O wäre doch ein andres wahr!
Der Kaiser brennt und seine Schar.
Sie sei verflucht, die ihn verführt,
In harzig Reis sich eingeschnürt,
Zu toben her mit Brüllgesang
Zu allerseitigem Untergang.
O Jugend, Jugend, wirst du nie
Der Freude reines Maß bezirken?
O Hoheit, Hoheit, wirst du nie
Vernünftig wie allmächtig wirken?
Schon geht der Wald in Flammen auf,
Sie züngeln leckend spitz hinauf
Zum holzverschränkten Deckenband;
Uns droht ein allgemeiner Brand.
Des Jammers Maß ist übervoll,
Ich weiß nicht, wer uns retten soll.
Ein Aschenhaufen einer Nacht
Liegt morgen reiche Kaiserpracht.

Plutus

Schrecken ist genug verbreitet,
Hilfe sei nun eingeleitet! –
Schlage, heil'gen Stabs Gewalt,
Daß der Boden bebt und schallt!
Du, geräumig weite Luft,
Fülle dich mit kühlem Duft!
Zieht heran, umherzuschweifen,
Nebeldünste, schwangre Streifen,
Deckt ein flammendes Gewühl!
Rieselt, säuselt, Wölkchen kräuselt,
Schlüpfet wallend, leise dämpfet,
Löschend überall bekämpfet,
Ihr, die lindernden, die feuchten,
Wandelt in ein Wetterleuchten
Solcher eitlen Flamme Spiel! –
Drohen Geister, uns zu schädigen,
Soll sich die Magie betätigen.

Lustgarten

Faust

Verzeihst du, Herr, das Flammengaukelspiel?

Kaiser

Ich wünsche mir dergleichen Scherze viel. –
Auf einmal sah ich mich in glühnder Sphäre,
Es schien mir fast, als ob ich Pluto wäre.
Aus Nacht und Kohlen lag ein Felsengrund,
Von Flämmchen glühend. Dem und jenem Schlund
Aufwirbelten viel tausend wilde Flammen
Und flackerten in ein Gewölb' zusammen.
Zum höchsten Dome züngelt' es empor,
Der immer ward und immer sich verlor.
Durch fernen Raum gewundner Feuersäulen
Sah ich bewegt der Völker lange Zeilen,
Sie drängten sich im weiten Kreis heran
Und huldigten, wie sie es stets getan.
Vom meinem Hof erkannt' ich ein und andern,
Ich schien ein Fürst von tausend Salamandern.

Mephistopheles

Das bist du, Herr! weil jedes Element
Die Majestät als unbedingt erkennt.
Gehorsam Feuer hast du nun erprobt;
Wirf dich ins Meer, wo es am wildsten tobt,
Und kaum betrittst du perlenreichen Grund,
So bildet wallend sich ein herrlich Rund;
Siehst auf und ab lichtgrüne schwanke Wellen,
Mit Purpursaum, zur schönsten Wohnung schwellen
Um dich, den Mittelpunkt. Bei jedem Schritt,
Wohin du gehst, gehn die Paläste mit.
Die Wände selbst erfreuen sich des Lebens,
Pfeilschnellen Wimmlens, Hin- und Widerstrebens.
Meerwunder drängen sich zum neuen milden Schein,
Sie schießen an, und keines darf herein.
Da spielen farbig goldbeschuppte Drachen,

Der Haifisch klafft, du lachst ihm in den Rachen.
Wie sich auch jetzt der Hof um dich entzückt,
Hast du doch nie ein solch Gedräng' erblickt.
Doch bleibst du nicht vom Lieblichsten geschieden:
Es nahen sich neugierige Nereiden
Der prächt'gen Wohnung in der ew'gen Frische,
Die jüngsten scheu und lüstern wie die Fische,
Die spätern klug. Schon wird es Thetis kund,
Dem zweiten Peleus reicht sie Hand und Mund. –
Den Sitz alsdann auf des Olymps Revier. . .

Kaiser

Die luft'gen Räume, die erlass' ich dir:
Noch früh genug besteigt man jenen Thron.

Mephistopheles

Und, höchster Herr! die Erde hast du schon.

Kaiser

Welch gut Geschick hat dich hieher gebracht,
Unmittelbar aus Tausend Einer Nacht?
Gleichst du an Fruchtbarkeit Scheherazaden,
Versichr' ich dich der höchsten aller Gnaden.
Sei stets bereit, wenn eure Tageswelt,
Wie's oft geschieht, mir widerlichst mißfällt.

Marschalk

Durchlauchtigster, ich dacht' in meinem Leben
Vom schönsten Glück Verkündung nicht zu geben
Als diese, die mich hoch beglückt,
In deiner Gegenwart entzückt:
Rechnung für Rechnung ist berichtigt,
Die Wucherklauen sind beschwichtigt,
Los bin ich solcher Höllenpein;
Im Himmel kann's nicht heitrer sein.

Heermeister

Abschläglich ist der Sold entrichtet,
Das ganze Heer aufs neu' verpflichtet,

Der Landsknecht fühlt sich frisches Blut,
Und Wirt und Dirnen haben's gut.

Kaiser

Wie atmet eure Brust erweitert!
Das faltige Gesicht erheitert!
Wie eilig tretet ihr heran!

Schatzmeister

Befrage diese, die das Werk getan.

Faust

Dem Kanzler ziemt's, die Sache vorzutragen.

Kanzler

Beglückt genug in meinen alten Tagen. –
So hört und schaut das schicksalschwere Blatt,
Das alles Weh in Wohl verwandelt hat.
„Zu wissen sei es jedem, der's begehrt:
Der Zettel hier ist tausend Kronen wert.
Ihm liegt gesichert, als gewisses Pfand,
Unzahl vergrabnen Guts im Kaiserland.
Nun ist gesorgt, damit der reiche Schatz,
Sogleich gehoben, diene zum Ersatz."

Kaiser

Ich ahne Frevel, ungeheuren Trug!
Wer fälschte hier des Kaisers Namenszug?
Ist solch Verbrechen ungestraft geblieben?

Schatzmeister

Erinnre dich! hast selbst es unterschrieben;
Erst heute nacht. Du standst als großer Pan,
Der Kanzler sprach mit uns zu dir heran:
„Gewähre dir das hohe Festvergnügen,
Des Volkes Heil, mit wenig Federzügen."
Du zogst sie rein, dann ward's in dieser Nacht
Durch Tausendkünstler schnell vertausendfacht.
Damit die Wohltat allen gleich gedeihe,
So stempelten wir gleich die ganze Reihe,

Zehn, Dreißig, Funfzig, Hundert sind parat.
Ihr denkt euch nicht, wie wohl's dem Volke tat.
Seht eure Stadt, sonst halb im Tod verschimmelt,
Wie alles lebt und lustgenießend wimmelt!
Obschon dein Name längst die Welt beglückt,
Man hat ihn nie so freundlich angeblickt.
Das Alphabet ist nun erst überzählig,
In diesem Zeichen wird nun jeder selig.

Kaiser

Und meinen Leuten gilt's für gutes Gold?
Dem Heer, dem Hofe gnügt's zu vollem Sold?
So sehr mich's wundert, muß ich's gelten lassen.

Marschalk

Unmöglich wär's, die Flüchtigen einzufassen;
Mit Blitzeswink zerstreute sich's im Lauf.
Die Wechslerbänke stehen sperrig auf:
Man honoriert daselbst ein jedes Blatt
Durch Gold und Silber, freilich mit Rabatt.
Nun geht's von da zum Fleischer, Bäcker, Schenken;
Die halbe Welt scheint nur an Schmaus zu denken,
Wenn sich die andre neu in Kleidern bläht.
Der Krämer schneidet aus, der Schneider näht.
Bei „Hoch dem Kaiser!“ sprudelt's in den Kellern,
Dort kocht's und brät's und klappert mit den Tellern.

Mephistopheles

Wer die Terrassen einsam abspaziert,
Gewahrt die Schönste, herrlich aufgeziert,
Ein Aug' verdeckt vom stolzen Pfauenwedel,
Sie schmunzelt uns und blickt nach solcher Schedel;
Und hurt'ger als durch Witz und Redekunst
Vermittelt sich die reichste Liebesgunst.
Man wird sich nicht mit Börs' und Beutel plagen,
Ein Blättchen ist im Busen leicht zu tragen,
Mit Liebesbrieflein paart's bequem sich hier.
Der Priester trägt's andächtig im Brevier,

Und der Soldat, um rascher sich zu wenden,
Erleichtert schnell den Gürtel seiner Lenden.
Die Majestät verzeihe, wenn ins Kleine
Das hohe Werk ich zu erniedern scheine.

Faust

Das übermaß der Schätze, das, erstarrt,
In deinen Landen tief im Boden harrt,
Liegt ungenutzt. Der weiteste Gedanke
Ist solchen Reichtums kümmerlichste Schranke;
Die Phantasie, in ihrem höchsten Flug,
Sie strengt sich an und tut sich nie genug.
Doch fassen Geister, würdig, tief zu schauen,
Zum Grenzenlosen grenzenlos Vertrauen.

Mephistopheles

Ein solch Papier, an Gold und Perlen Statt,
Ist so bequem, man weiß doch, was man hat;
Man braucht nicht erst zu markten, noch zu tauschen,
Kann sich nach Lust in Lieb' und Wein berauschen.
Will man Metall, ein Wechsler ist bereit,
Und fehlt es da, so gräbt man eine Zeit.
Pokal und Kette wird verauktioniert,
Und das Papier, sogleich amortisiert,
Beschämt den Zweifler, der uns frech verhöhnt.
Man will nichts anders, ist daran gewöhnt.
So bleibt von nun an allen Kaiserlanden
An Kleinod, Gold, Papier genug vorhanden.

Kaiser

Das hohe Wohl verdankt euch unser Reich;
Wo möglich sei der Lohn dem Dienste gleich.
Vertraut sei euch des Reiches innrer Boden,
Ihr seid der Schätze würdigste Kustoden.
Ihr kennt den weiten, wohlverwahrten Hort,
Und wenn man gräbt, so sei's auf euer Wort.
Vereint euch nun, ihr Meister unsres Schatzes,
Erfüllt mit Lust die Würden eures Platzes,

Wo mit der obern sich die Unterwelt,
In Einigkeit beglückt, zusammenstellt.

Schatzmeister
Soll zwischen uns kein fernster Zwist sich regen,
Ich liebe mir den Zaubrer zum Kollegen.

Kaiser
Beschenk' ich nun bei Hofe Mann für Mann,
Gesteh' er mir, wozu er's brauchen kann.

Page
Ich lebe lustig, heiter, guter Dinge.

Ein Andrer
Ich schaffe gleich dem Liebchen Kett' und Ringe.

Kämmerer
Von nun an trink' ich doppelt beßre Flasche.

Ein Andrer
Die Würfel jucken mich schon in der Tasche.

Bannerherr
Mein Schloß und Feld, ich mach' es schuldenfrei.

Ein Andrer
Es ist ein Schatz, den leg' ich Schätzen bei.

Kaiser
Ich hoffte Lust und Mut zu neuen Taten;
Doch wer euch kennt, der wird euch leicht erraten.
Ich merk' es wohl: bei aller Schätze Flor,
Wie ihr gewesen, bleibt ihr nach wie vor.

Narr
Ihr spendet Gnaden, gönnt auch mir davon!

Kaiser
Und lebst du wieder, du vertrinkst sie schon.

Narr
Die Zauberblätter! ich versteh's nicht recht.

Kaiser
Das glaub' ich wohl, denn du gebrauchst sie schlecht.

Narr
Da fallen andere; weiß nicht, was ich tu'.

Kaiser
Nimm sie nur hin, sie fielen dir ja zu.

Narr
Fünftausend Kronen wären mir zu Handen!

Mephistopheles
Zweibeiniger Schlauch, bist wieder auferstanden?

Narr
Geschieht mir oft, doch nicht so gut als jetzt.

Mephistopheles
Du freust dich so, daß dich's in Schweiß versetzt.

Narr
Da seht nur her, ist das wohl Geldes wert?

Mephistopheles
Du hast dafür, was Schlund und Bauch begehrt.

Narr
Und kaufen kann ich Acker, Haus und Vieh?

Mephistopheles
Versteht sich! Biete nur, das fehlt dir nie.

Narr
Und Schloß, mit Wald und Jagd und Fischbach? –

Mephistopheles
Traun!
Ich möchte dich gestrengen Herrn wohl schaun!

Narr
Heut abend wieg' ich mich im Grundbesitz! –

Mephistopheles

Wer zweifelt noch an unsres Narren Witz!

Finstere Galerie

Mephistopheles

Was ziehst du mich in diese düstern Gänge?
Ist nicht da drinnen Lust genug,
Im dichten, bunten Hofgedränge
Gelegenheit zu Spaß und Trug?

Faust

Sag mir das nicht, du hast's in alten Tagen
Längst an den Sohlen abgetragen;
Doch jetzt dein Hin- und Widergehn
Ist nur, um mir nicht Wort zu stehn.
Ich aber bin gequält zu tun:
Der Marschalk und der Kämmrer treibt mich nun.
Der Kaiser will, es muß sogleich geschehn,
Will Helena und Paris vor sich sehn;
Das Musterbild der Männer so der Frauen
In deutlichen Gestalten will er schauen.
Geschwind ans Werk! ich darf mein Wort nicht brechen.

Mephistopheles

Unsinnig war's, leichtsinnig zu versprechen.

Faust

Du hast, Geselle, nicht bedacht,
Wohin uns deine Künste führen;
Erst haben wir ihn reich gemacht,
Nun sollen wir ihn amüsieren.

Mephistopheles

Du wähnst, es füge sich sogleich;
Hier stehen wir vor steilern Stufen,
Greifst in ein fremdestes Bereich,
Machst frevelhaft am Ende neue Schulden,

Denkst Helenen so leicht hervorzurufen
Wie das Papiergespenst der Gulden. –
Mit Hexen-Fexen, mit Gespenst-Gespinsten,
Kielkröpfigen Zwergen steh' ich gleich zu Diensten;
Doch Teufels-Liebchen, wenn auch nicht zu schelten,
Sie können nicht für Heroinen gelten.

Faust
Da haben wir den alten Leierton!
Bei dir gerät man stets ins Ungewisse.
Der Vater bist du aller Hindernisse,
Für jedes Mittel willst du neuen Lohn.
Mit wenig Murmeln, weiß ich, ist's getan;
Wie man sich umschaut, bringst du sie zur Stelle.

Mephistopheles
Das Heidenvolk geht mich nichts an,
Es haust in seiner eignen Hölle;
Doch gibt's ein Mittel. –

Faust
Sprich, und ohne Säumnis!

Mephistopheles
Ungern entdeck' ich höheres Geheimnis.
Göttinnen thronen hehr in Einsamkeit,
Um sie kein Ort, noch weniger eine Zeit;
Von ihnen sprechen ist Verlegenheit.
Die *M*ütter sind es! –

Faust
Mütter! –

Mephistopheles
Schaudert's dich?

Faust
Die Mütter! Mütter! – 's klingt so wunderlich!

Mephistopheles
Das ist es auch. Göttinnen, ungekannt

Euch Sterblichen, von uns nicht gern genannt.
Nach ihrer Wohnung magst ins Tiefste schürfen;
Du selbst bist schuld, daß ihrer wir bedürfen.

Faust
Wohin der Weg? –

Mephistopheles
Kein Weg! Ins Unbetretene,
Nicht zu Betretende; ein Weg ans Unerbetene,
Nicht zu Erbittende. Bist du bereit? –
Nicht Schlösser sind, nicht Riegel wegzuschieben,
Von Einsamkeiten wirst umhergetrieben.
Hast du Begriff von öd' und Einsamkeit?

Faust
Du spartest, dächt' ich, solche Sprüche;
Hier wittert's nach der Hexenküche,
Nach einer längst vergangnen Zeit.
Mußt' ich nicht mit der Welt verkehren?
Das Leere lernen, Leeres lehren? –
Sprach ich vernünftig, wie ich's angeschaut,
Erklang der Widerspruch gedoppelt laut;
Mußt' ich sogar vor widerwärtigen Streichen
Zur Einsamkeit, zur Wildernis entweichen
Und, um nicht ganz versäumt, allein zu leben,
Mich doch zuletzt dem Teufel übergeben.

Mephistopheles
Und hättest du den Ozean durchschwommen,
Das Grenzenlose dort geschaut,
So sähst du dort doch Well' auf Welle kommen,
Selbst wenn es dir vorm Untergange graut.
Du sähst doch etwas. Sähst wohl in der Grüne
Gestillter Meere streichende Delphine;
Sähst Wolken ziehen, Sonne, Mond und Sterne –
Nichts wirst du sehn in ewig leerer Ferne,
Den Schritt nicht hören, den du tust,
Nichts Festes finden, wo du ruhst.

Faust

Du sprichst als erster aller Mystagogen,
Die treue Neophyten je betrogen;
Nur umgekehrt. Du sendest mich ins Leere,
Damit ich dort so Kunst als Kraft vermehre;
Behandelst mich, daß ich, wie jene Katze,
Dir die Kastanien aus den Gluten kratze.
Nur immer zu! wir wollen es ergründen,
In deinem Nichts hoff' ich das All zu finden.

Mephistopheles

Ich rühme dich, eh' du dich von mir trennst,
Und sehe wohl, daß du den Teufel kennst;
Hier diesen Schlüssel nimm. –

Faust

Das kleine Ding!

Mephistopheles

Erst faß ihn an und schätz ihn nicht gering.

Faust

Er wächst in meiner Hand! er leuchtet, blitzt!

Mephistopheles

Merkst du nun bald, was man an ihm besitzt?
Der Schlüssel wird die rechte Stelle wittern,
Folg ihm hinab, er führt dich zu den Müttern.

Faust

Den Müttern! Trifft's mich immer wie ein Schlag!
Was ist das Wort, das ich nicht hören mag?

Mephistopheles

Bist du beschränkt, daß neues Wort dich stört?
Willst du nur hören, was du schon gehört?
Dich störe nichts, wie es auch weiter klinge,
Schon längst gewohnt der wunderbarsten Dinge.

Faust

Doch im Erstarren such' ich nicht mein Heil,

Das Schaudern ist der Menschheit bestes Teil;
Wie auch die Welt ihm das Gefühl verteure,
Ergriffen, fühlt er tief das Ungeheure.

Mephistopheles

Versinke denn! Ich könnt' auch sagen: steige!
's ist einerlei. Entfliehe dem Entstandnen
In der Gebilde losgebundne Reiche!
Ergetze dich am längst nicht mehr Vorhandnen;
Wie Wolkenzüge schlingt sich das Getreibe,
Den Schlüssel schwinge, halte sie vom Leibe!

Faust

Wohl! fest ihn fassend fühl' ich neue Stärke,
Die Brust erweitert, hin zum großen Werke.

Mephistopheles

Ein glühnder Dreifuß tut dir endlich kund,
Du seist im tiefsten, allertiefsten Grund.
Bei seinem Schein wirst du die Mütter sehn,
Die einen sitzen, andre stehn und gehn,
Wie's eben kommt. Gestaltung, Umgestaltung,
Des ewigen Sinnes ewige Unterhaltung.
Umschwebt von Bildern aller Kreatur;
Sie sehn dich nicht, denn Schemen sehn sie nur.
Da faß ein Herz, denn die Gefahr ist groß,
Und gehe grad' auf jenen Dreifuß los,
Berühr ihn mit dem Schlüssel! –

Mephistopheles

So ist's recht!
Er schließt sich an, er folgt als treuer Knecht;
Gelassen steigst du, dich erhebt das Glück,
Und eh' sie's merken, bist mit ihm zurück.
Und hast du ihn einmal hierher gebracht,
So rufst du Held und Heldin aus der Nacht,
Der erste, der sich jener Tat erdreistet;
Sie ist getan, und du hast es geleistet.

Dann muß fortan, nach magischem Behandeln,
Der Weihrauchsnebel sich in Götter wandeln.

Faust

Und nun was jetzt? –

Mephistopheles

Dein Wesen strebe nieder;
Versinke stampfend, stampfend steigst du wieder.

Mephistopheles

Wenn ihm der Schlüssel nur zum besten frommt!
Neugierig bin ich, ob er wiederkommt.

Hell erleuchtete Säle

Kämmerer

Ihr seid uns noch die Geisterszene schuldig;
Macht Euch daran! der Herr ist ungeduldig.

Marschalk

Soeben fragt der Gnädigste darnach;
Ihr! zaudert nicht der Majestät zur Schmach.

Mephistopheles

Ist mein Kumpan doch deshalb weggegangen;
Er weiß schon, wie es anzufangen,
Und laboriert verschlossen still,
Muß ganz besonders sich befleißen;
Denn wer den Schatz, das Schöne, heben will,
Bedarf der höchsten Kunst, Magie der Weisen.

Marschalk

Was ihr für Künste braucht, ist einerlei:
Der Kaiser will, daß alles fertig sei.

Blondine

Ein Wort, mein Herr! Ihr seht ein klar Gesicht,
Jedoch so ist's im leidigen Sommer nicht!
Da sprossen hundert bräunlich rote Flecken,

Die zum Verdruß die weiße Haut bedecken.
Ein Mittel! –

Mephistopheles
Schade! so ein leuchtend Schätzchen
Im Mai getupft wie eure Pantherkätzchen.
Nehmt Froschlaich, Krötenzungen, kohobiert,
Im vollsten Mondlicht sorglich distilliert
Und, wenn er abnimmt, reinlich aufgestrichen,
Der Frühling kommt, die Tupfen sind entwichen.

Braune
Die Menge drängt heran, Euch zu umschranzen.
Ich bitt' um Mittel! Ein erfrorner Fuß
Verhindert mich am Wandeln wie am Tanzen,
Selbst ungeschickt beweg' ich mich zum Gruß.

Mephistopheles
Erlaubet einen Tritt von meinem Fuß.

Braune
Nun, das geschieht wohl unter Liebesleuten.

Mephistopheles
Mein Fußtritt, Kind! hat Größres zu bedeuten.
Zu Gleichem Gleiches, was auch einer litt;
Fuß heilet Fuß, so ist's mit allen Gliedern.
Heran! Gebt acht! Ihr sollt es nicht erwidern.

Braune
Weh! Weh! das brennt! das war ein harter Tritt, –
Wie Pferdehuf.

Mephistopheles
Die Heilung nehmt Ihr mit.
Du kannst nunmehr den Tanz nach Lust verüben,
Bei Tafel schwelgend füßle mit dem Lieben.

Dame
Laßt mich hindurch! Zu groß sind meine Schmerzen,
Sie wühlen siedend mir im tiefsten Herzen;

Bis gestern sucht' Er Heil in meinen Blicken,
Er schwatzt mit ihr und wendet mir den Rücken.

Mephistopheles
Bedenklich ist es, aber höre mich.
An ihn heran mußt du dich leise drüchen;
Nimm diese Kohle, streich ihm einen Strich
Auf ärmel, Mantel, Schulter, wie sich's macht;
Er fühlt im Herzen holden Reuestich.
Die Kohle doch mußt du sogleich verschlingen,
Nicht Wein, nicht Wasser an die Lippen bringen;
Er seufzt vor deiner Tür noch heute nacht.

Dame
Ist doch kein Gift? –

Mephistopheles
Respekt, wo sich's gebührt!
Weit müßtet Ihr nach solcher Kohle laufen;
Sie kommt von einem Scheiterhaufen,
Den wir sonst emsiger angeschürt.

Page
Ich bin verliebt, man hält mich nicht für voll.

Mephistopheles
Ich weiß nicht mehr, wohin ich hören soll.
Müßt Euer Glück nicht auf die Jüngste setzen.
Die Angejahrten wissen Euch zu schätzen. –
Schon wieder Neue! Welch ein harter Strauß!
Ich helfe mir zuletzt mit Wahrheit aus;
Der schlechteste Behelf! Die Not ist groß. –
O Mütter, Mütter! Laßt nur Fausten los!
Die Lichter brennen trübe schon im Saal,
Der ganze Hof bewegt sich auf einmal.
Anständig seh' ich sie in Folge ziehn
Durch lange Gänge, ferne Galerien.
Nun! sie versammeln sich im weiten Raum
Des alten Rittersaals, er faßt sie kaum.

Auf breite Wände Teppiche spendiert,
Mit Rüstung Eck' und Nischen ausgeziert.
Hier braucht es, dächt' ich, keine Zauberworte;
Die Geister finden sich von selbst zum Orte.

Rittersaal

Herold

Mein alt Geschäft, das Schauspiel anzukünden,
Verkümmert mir der Geister heimlich Walten;
Vergebens wagt man, aus verständigen Gründen
Sich zu erklären das verworrene Schalten.
Die Sessel sind, die Stühle schon zur Hand;
Den Kaiser setzt man grade vor die Wand;
Auf den Tapeten mag er da die Schlachten
Der großen Zeit bequemlichstens betrachten.
Hier sitzt nun alles, Herr und Hof im Runde,
Die Bänke drängen sich im Hintergrunde;
Auch Liebchen hat, in düstern Geisterstunden,
Zur Seite Liebchens lieblich Raum gefunden.
Und so, da alle schicklich Platz genommen,
Sind wir bereit; die Geister mögen kommen!

Astrolog

Beginne gleich das Drama seinen Lauf,
Der Herr befiehlt's, ihr Wände tut euch auf!
Nichts hindert mehr, hier ist Magie zur Hand:
Die Teppiche schwinden, wie gerollt vom Brand;
Die Mauer spaltet sich, sie kehrt sich um,
Ein tief Theater scheint sich aufzustellen,
Geheimnisvoll ein Schein uns zu erhellen,
Und ich besteige das Proszenium.

Mephistopheles

Von hier aus hoff' ich allgemeine Gunst,
Einbläsereien sind des Teufels Redekunst.

Du kennst den Takt, in dem die Sterne gehn,
Und wirst mein Flüstern meisterlich verstehn.

Astrolog
Durch Wunderkraft erscheint allhier zur Schau,
Massiv genug, ein alter Tempelbau.
Dem Atlas gleich, der einst den Himmel trug,
Stehn reihenweis der Säulen hier genug;
Sie mögen wohl der Felsenlast genügen,
Da zweie schon ein groß Gebäude trügen.

Architekt
Das wär' antik! Ich wüßt' es nicht zu preisen,
Es sollte plump und überlästig heißen.
Roh nennt man edel, unbehülflich groß.
Schmalpfeiler lieb' ich, strebend, grenzenlos;
Spitzbögiger Zenit erhebt den Geist;
Solch ein Gebäu erbaut uns allermeist.

Astrolog
Empfangt mit Ehrfurcht sterngegönnte Stunden;
Durch magisch Wort sei die Vernunft gebunden;
Dagegen weit heran bewege frei
Sich herrliche verwegne Phantasei.
Mit Augen schaut nun, was ihr kühn begehrt,
Unmöglich ist's, drum eben glaubenswert.

Astrolog
Im Priesterkleid, bekränzt, ein Wundermann,
Der nun vollbringt, was er getrost begann.
Ein Dreifuß steigt mit ihm aus hohler Gruft,
Schon ahn' ich aus der Schale Weihrauchduft.
Er rüstet sich, das hohe Werk zu segnen;
Es kann fortan nur Glückliches begegnen.

Faust
In eurem Namen, Mütter, die ihr thront
Im Grenzenlosen, ewig einsam wohnt,
Und doch gesellig. Euer Haupt umschweben

Des Lebens Bilder, regsam, ohne Leben.
Was einmal war, in allem Glanz und Schein,
Es regt sich dort; denn es will ewig sein.
Und ihr verteilt es, allgewaltige Mächte,
Zum Zelt des Tages, zum Gewölb der Nächte.
Die einen faßt des Lebens holder Lauf,
Die andern sucht der kühne Magier auf;
In reicher Spende läßt er, voll Vertrauen,
Was jeder wünscht, das Wunderwürdige schauen.

Astrolog

Der glühnde Schlüssel rührt die Schale kaum,
Ein dunstiger Nebel deckt sogleich den Raum;
Er schleicht sich ein, er wogt nach Wolkenart,
Gedehnt, geballt, verschränkt, geteilt, gepaart.
Und nun erkennt ein Geister-Meisterstück!
So wie sie wandeln, machen sie Musik.
Aus luft'gen Tönen quillt ein Weißnichtwie,
Indem sie ziehn, wird alles Melodie.
Der Säulenschaft, auch die Triglyphe klingt,
Ich glaube gar, der ganze Tempel singt.
Das Dunstige senkt sich; aus dem leichten Flor
Ein schöner Jüngling tritt im Takt hervor.
Hier schweigt mein Amt, ich brauch' ihn nicht zu nennen,
Wer sollte nicht den holden Paris kennen!

Dame

O! welch ein Glanz aufblühender Jugendkraft!

Zweite

Wie eine Pfirsche frisch und voller Saft!

Dritte

Die fein gezognen, süß geschwollnen Lippen!

Vierte

Du möchtest wohl an solchem Becher nippen?

Fünfte

Er ist gar hübsch, wenn auch nicht eben fein.

Sechste
Ein bißchen könnt' er doch gewandter sein.

Ritter
Den Schäferknecht glaub' ich allhier zu spüren,
Vom Prinzen nichts und nichts von Hofmanieren.

Andrer
Eh nun! halb nackt ist wohl der Junge schön,
Doch müßten wir ihn erst im Harnisch sehn!

Dame
Er setzt sich nieder, weichlich, angenehm.

Ritter
Auf seinem Schoße wär' Euch wohl bequem?

Andre
Er lehnt den Arm so zierlich übers Haupt.

Kämmerer
Die Flegelei! Das find' ich unerlaubt!

Dame
Ihr Herren wißt an allem was zu mäkeln.

Derselbe
In Kaisers Gegenwart sich hinzuräkeln!

Dame
Er stellt's nur vor! Er glaubt sich ganz allein.

Derselbe
Das Schauspiel selbst, hier sollt' es höflich sein.

Dame
Sanft hat der Schlaf den Holden übernommen.

Derselbe
Er schnarcht nun gleich; natürlich ist's, vollkommen!

Junge Dame
Zum Weihrauchsdampf was duftet so gemischt,
Das mir das Herz zum innigsten erfrischt?

Ältere

Fürwahr! Es dringt ein Hauch tief ins Gemüte,
Er kommt von ihm! –

Älteste

Es ist des Wachstums Blüte,
Im Jüngling als Ambrosia bereitet
Und atmosphärisch ringsumher verbreitet.

Mephistopheles

Das wär' sie denn! Vor dieser hätt' ich Ruh';
Hübsch ist sie wohl, doch sagt sie mir nicht zu.

Astrolog

Für mich ist diesmal weiter nichts zu tun,
Als Ehrenmann gesteh', bekenn' ich's nun.
Die Schöne kommt, und hätt' ich Feuerzungen! –
Von Schönheit ward von jeher viel gesungen –
Wem sie erscheint, wird aus sich selbst entrückt,
Wem sie gehörte, ward zu hoch beglückt.

Faust

Hab' ich noch Augen? Zeigt sich tief im Sinn
Der Schönheit Quelle reichlichstens ergossen?
Mein Schreckensgang bringt seligsten Gewinn.
Wie war die Welt mir nichtig, unerschlossen!
Was ist sie nun seit meiner Priesterschaft?
Erst wünschenswert, gegründet, dauerhaft!
Verschwinde mir des Lebens Atemkraft,
Wenn ich mich je von dir zurückgewöhne! –
Die Wohlgestalt, die mich voreinst entzückte,
In Zauberspiegelung beglückte,
War nur ein Schaumbild solcher Schöne! –
Du bist's, der ich die Regung aller Kraft,
Den Inbegriff der Leidenschaft,
Dir Neigung, Lieb', Anbetung, Wahnsinn zolle.

Mephistopheles

So faßt Euch doch und fallt nicht aus der Rolle!

Ältere Dame

Groß, wohlgestaltet, nur der Kopf zu klein.

Jüngere

Seht nur den Fuß! Wie könnt' er plumper sein!

Diplomat

Fürstinnen hab' ich dieser Art gesehn,
Mich deucht, sie ist vom Kopf zum Fuße schön.

Hofmann

Sie nähert sich dem Schläfer listig mild.

Dame

Wie häßlich neben jugendreinem Bild!

Poet

Von ihrer Schönheit ist er angestrahlt.

Dame

Endymion und Luna! wie gemalt!

Derselbe

Ganz recht! Die Göttin scheint herabzusinken,
Sie neigt sich über, seinen Hauch zu trinken;
Beneidenswert! – Ein Kuß! – Das Maß ist voll.

Duenna

Vor allen Leuten! Das ist doch zu toll!

Faust

Furchtbare Gunst dem Knaben! – –

Mephistopheles

Ruhig! still!
Laß das Gespenst doch machen was es will.

Hofmann

Sie schleicht sich weg, leichtfüßig; er erwacht.

Dame

Sie sieht sich um! Das hab' ich wohl gedacht.

Hofmann
Er staunt! Ein Wunder ist's, was ihm geschieht.

Dame
Ihr ist kein Wunder, was sie vor sich sieht.

Hofmann
Mit Anstand kehrt sie sich zu ihm herum.

Dame
Ich merke schon, sie nimmt ihn in die Lehre;
In solchem Fall sind alle Männer dumm,
Er glaubt wohl auch, daß er der erste wäre.

Ritter
Laßt mir sie gelten! Majestätisch fein! –

Dame
Die Buhlerin! Das nenn' ich doch gemein!

Page
Ich möchte wohl an seiner Stelle sein!

Hofmann
Wer würde nicht in solchem Netz gefangen?

Dame
Das Kleinod ist durch manche Hand gegangen,
Auch die Verguldung ziemlich abgebraucht.

Andre
Vom zehnten Jahr an hat sie nichts getaugt.

Ritter
Gelegentlich nimmt jeder sich das Beste;
Ich hielte mich an diese schönen Reste.

Gelahrter
Ich seh' sie deutlich, doch gesteh' ich frei:
Zu zweiflen ist, ob sie die rechte sei.
Die Gegenwart verführt ins übertriebne,
Ich halte mich vor allem ans Geschriebne.
Da les' ich denn, sie habe wirklich allen

Graubärten Trojas sonderlich gefallen;
Und wie mich dünkt, vollkommen paßt das hier:
Ich bin nicht jung, und doch gefällt sie mir.

Astrolog

Nicht Knabe mehr! Ein kühner Heldenmann,
Umfaßt er sie, die kaum sich wehren kann.
Gestärkten Arms hebt er sie hoch empor,
Entführt er sie wohl gar? –

Faust

Verwegner Tor!
Du wagst! Du hörst nicht! halt! das ist zu viel!

Emphistopheles

Machst du's doch selbst, das Fratzengeisterspiel!

Astrolog

Nur noch ein Wort! Nach allem, was geschah,
Nenn' ich das Stück den *Raub* der *Helena.*

Faust

Was Raub! Bin ich für nichts an dieser Stelle!
Ist dieser Schlüssel nicht in meiner Hand!
Er führte mich, durch Graus und Wog' und Welle
Der Einsamkeiten, her zum festen Strand.
Hier fass' ich Fuß! Hier sind es Wirklichkeiten,
Von hier aus darf der Geist mit Geistern streiten,
Das Doppelreich, das große, sich bereiten.
So fern sie war, wie kann sie näher sein!
Ich rette sie, und sie ist doppelt mein.
Gewagt! Ihr Mütter! Mütter! müßt's gewähren!
Wer sie erkannt, der darf sie nicht entbehren.

Astrolog

Was tust du, Fauste! Fauste! – Mit Gewalt
Faßt er sie an, schon trübt sich die Gestalt.
Den Schlüssel kehrt er nach dem Jüngling zu,
Berührt ihn! – Weh uns, Wehe! Nu! im Nu!

Mephistopheles

Da habt ihr's nun! mit Narren sich beladen,
Das kommt zuletzt dem Teufel selbst zu Schaden.

2. Akt

Hochgewölbtes enges gotisches Zimmer

Mephistopheles

Hier lieg, Unseliger! verführt
Zu schwergelöstem Liebesbande!
Wen Helena paralysiert,
Der kommt so leicht nicht zu Verstande.
Blick' ich hinauf, hierher, hinüber,
Allunverändert ist es, unversehrt;
Die bunten Scheiben sind, so dünkt mich, trüber,
Die Spinneweben haben sich vermehrt;
Die Tinte starrt, vergilbt ist das Papier;
Doch alles ist am Platz geblieben;
Sogar die Feder liegt noch hier,
Mit welcher Faust dem Teufel sich verschrieben.
Ja! tiefer in dem Rohre stockt
Ein Tröpflein Blut, wie ich's ihm abgelockt.
Zu einem solchen einzigen Stück
Wünscht' ich dem größten Sammler Glück.
Auch hängt der alte Pelz am alten Haken,
Erinnert mich an jene Schnaken,
Wie ich den Knaben einst belehrt,
Woran er noch vielleicht als Jüngling zehrt.
Es kommt mir wahrlich das Gelüsten,
Rauchwarme Hülle, dir vereint
Mich als Dozent noch einmal zu erbrüsten,
Wie man so völlig recht zu haben meint.

Gelehrte wissen's zu erlangen,
Dem Teufel ist es längst vergangen.

Chor der Insekten

Willkommen! willkommen,
Du alter Patron!
Wir schweben und summen
Und kennen dich schon.
Nur einzeln im stillen
Du hast uns gepflanzt;
Zu Tausenden kommen wir,
Vater, getanzt.
Der Schalk in dem Busen
Verbirgt sich so sehr,
Vom Pelze die Läuschen
Enthüllen sich eh'r.

Mephistopheles

Wie überraschend mich die junge Schöpfung freut!
Man säe nur, man erntet mit der Zeit.
Ich schüttle noch einmal den alten Flaus,
Noch eines flattert hier und dort hinaus. –
Hinauf! umher! in hunderttausend Ecken
Eilt euch, ihr Liebchen, zu verstecken.
Dort, wo die alten Schachteln stehn,
Hier im bebräunten Pergamen,
In staubigen Scherben alter Töpfe,
Dem Hohlaug' jener Totenköpfe.
In solchem Wust und Moderleben
Muß es für ewig Grillen geben.
Komm, decke mir die Schultern noch einmal!
Heut bin ich wieder Prinzipal.
Doch hilft es nichts, mich so zu nennen;
Wo sind die Leute, die mich anerkennen?

Famulus

Welch ein Tönen! welch ein Schauer!
Treppe schwankt, es bebt die Mauer;

Durch der Fenster buntes Zittern
Seh' ich wetterleuchtend Wittern.
Springt das Estrich, und von oben
Rieselt Kalk und Schutt verschoben.
Und die Türe, fest verriegelt,
Ist durch Wunderkraft entsiegelt. –
Dort! Wie fürchterlich! Ein Riese
Steht in Faustens altem Vliese!
Seinen Blicken, seinem Winken
Möcht' ich in die Kniee sinken.
Soll ich fliehen? Soll ich stehn?
Ach, wie wird es mir ergehn!

Mephistopheles
Heran, mein Freund! – Ihr heißet Nikodemus.

Famulus
Hochwürdiger Herr! so ist mein Nam' – Oremus.

Mephistopheles
Das lassen wir! –

Famulus
Wie froh, daß Ihr mich kennt!

Mephistopheles
Ich weiß es wohl, bejahrt und noch Student,
Bemooster Herr! Auch ein gelehrter Mann
Studiert so fort, weil er nicht anders kann.
So baut man sich ein mäßig Kartenhaus,
Der größte Geist baut's doch nicht völlig aus.
Doch Euer Meister, das ist ein Beschlagner:
Wer kennt ihn nicht, den edlen Doktor Wagner,
Den Ersten jetzt in der gelehrten Welt!
Er ist's allein, der sie zusammenhält,
Der Weisheit täglicher Vermehrer.
Allwißbegierige Horcher, Hörer
Versammeln sich um ihn zuhauf.
Er leuchtet einzig vom Katheder;

Die Schlüssel übt er wie Sankt Peter,
Das Untre so das Obre schließt er auf.
Wie er vor allen glüht und funkelt,
Kein Ruf, kein Ruhm hält weiter stand;
Selbst Faustus' Name wird verdunkelt,
Er ist es, der allein erfand.

Famulus

Verzeiht, hochwürdiger Herr! wenn ich Euch sage,
Wenn ich zu widersprechen wage:
Von allem dem ist nicht die Frage;
Bescheidenheit ist sein beschieden Teil.
Ins unbegreifliche Verschwinden
Des hohen Manns weiß er sich nicht zu finden;
Von dessen Wiederkunft erfleht er Trost und Heil.
Das Zimmer, wie zu Doktor Faustus' Tagen,
Noch unberührt seitdem er fern,
Erwartet seinen alten Herrn.
Kaum wag' ich's, mich hereinzuwagen.
Was muß die Sternenstunde sein? –
Gemäuer scheint mir zu erbangen;
Türpfosten bebten, Riegel sprangen,
Sonst kamt Ihr selber nicht herein.

Mephistopheles

Wo hat der Mann sich hingetan?
Führt mich zu ihm, bringt ihn heran!

Famulus

Ach! sein Verbot ist gar zu scharf,
Ich weiß nicht, ob ich's wagen darf.
Monatelang, des großen Werkes willen,
Lebt' er im allerstillsten Stillen.
Der zarteste gelehrter Männer,
Er sieht aus wie ein Kohlenbrenner,
Geschwärzt vom Ohre bis zur Nasen,
Die Augen rot vom Feuerblasen,

So lechzt er jedem Augenblick;
Geklirr der Zange gibt Musik.

Mephistopheles

Sollt' er den Zutritt mir verneinen?
Ich bin der Mann, das Glück ihm zu beschleunen.
Kaum hab' ich Posto hier gefaßt,
Regt sich dort hinten, mir bekannt, ein Gast.
Doch diesmal ist er von den Neusten,
Er wird sich grenzenlos erdreusten.

Baccalaureus

Tor und Türe find' ich offen!
Nun, da läßt sich endlich hoffen,
Daß nicht, wie bisher, im Moder
Der Lebendige wie ein Toter
Sich verkümmere, sich verderbe
Und am Leben selber sterbe.
Diese Mauern, diese Wände
Neigen, senken sich zum Ende,
Und wenn wir nicht bald entweichen,
Wird uns Fall und Sturz erreichen.
Bin verwegen, wie nicht einer,
Aber weiter bringt mich keiner.
Doch was soll ich heut erfahren!
War's nicht hier, vor so viel Jahren,
Wo ich, ängstlich und beklommen,
War als guter Fuchs gekommen?
Wo ich diesen Bärtigen traute,
Mich an ihrem Schnack erbaute?
Aus den alten Bücherkrusten
Logen sie mir, was sie wußten,
Was sie wußten, selbst nicht glaubten,
Sich und mir das Leben raubten.
Wie? – Dort hinten in der Zelle
Sitzt noch einer dunkel-helle!
Nahend seh' ich's mit Erstaunen,
Sitzt er noch im Pelz, dem braunen,

Wahrlich, wie ich ihn verließ,
Noch gehüllt im rauhen Vlies!
Damals schien er zwar gewandt,
Als ich ihn noch nicht verstand.
Heute wird es nichts verfangen,
Frisch an ihn herangegangen!
Wenn, alter Herr, nicht Lethes trübe Fluten
Das schiefgesenkte, kahle Haupt durchschwommen,
Seht anerkennend hier den Schüler kommen,
Entwachsen akademischen Ruten.
Ich find' Euch noch, wie ich Euch sah;
Ein anderer bin *ich* wieder da.

Mephistopheles

Mich freut, daß ich Euch hergeläutet.
Ich schätzt' Euch damals nicht gering;
Die Raupe schon, die Chrysalide deutet
Den künftigen bunten Schmetterling.
Am Lockenkopf und Spitzenkragen
Empfandet Ihr ein kindliches Behagen. –
Ihr trugt wohl niemals einen Zopf? –
Heut schau' ich Euch im Schwedenkopf.
Ganz resolut und wacker seht Ihr aus;
Kommt nur nicht absolut nach Haus.

Baccalaureus

Mein alter Herr! Wir sind am alten Orte;
Bedenkt jedoch erneuter Zeiten Lauf
Und sparet doppelsinnige Worte;
Wir passen nun ganz anders auf.
Ihr hänseltet den guten treuen Jungen;
Das ist Euch ohne Kunst gelungen,
Was heutzutage niemand wagt.

Mephistopheles

Wenn man der Jugend reine Wahrheit sagt,
Die gelben Schnäbeln keineswegs behagt,
Sie aber hinterdrein nach Jahren

Das alles derb an eigner Haut erfahren,
Dann dünkeln sie, es käm' aus eignem Schopf;
Da heißt es denn: der Meister war ein Tropf.

Baccalaureus

Ein Schelm vielleicht! – denn welcher Lehrer spricht
Die Wahrheit uns direkt ins Angesicht?
Ein jeder weiß zu mehren wie zu mindern,
Bald ernst, bald heiter klug zu frommen Kindern.

Mephistopheles

Zum Lernen gibt es freilich eine Zeit;
Zum Lehren seid Ihr, merk' ich, selbst bereit.
Seit manchen Monden, einigen Sonnen
Erfahrungsfülle habt Ihr wohl gewonnen.

Baccalaureus

Erfahrungswesen! Schaum und Dust!
Und mit dem Geist nicht ebenbürtig.
Gesteht! was man von je gewußt,
Es ist durchaus nicht wissenswürdig.

Mephistopheles

Mich deucht es längst. Ich war ein Tor,
Nun komm' ich mir recht schal und albern vor.

Baccalaureus

Das freut mich sehr! Da hör' ich doch Verstand;
Der erste Greis, den ich vernünftig fand!

Mephistopheles

Ich suchte nach verborgen-goldnem Schatze,
Und schauerliche Kohlen trug ich fort.

Baccalaureus

Gesteht nur, Euer Schädel, Eure Glatze
Ist nicht mehr wert als jene hohlen dort?

Mephistopheles

Du weißt wohl nicht, mein Freund, wie grob du bist?

Baccalaureus

Im Deutschen lügt man, wenn man höflich ist.

Mephistopheles

Hier oben wird mir Licht und Luft benommen;
Ich finde wohl bei euch ein Unterkommen?

Baccalaureus

Anmaßlich find' ich, daß zur schlechtsten Frist
Man etwas sein will, wo man nichts mehr ist.
Des Menschen Leben lebt im Blut, und wo
Bewegt das Blut sich wie im Jüngling so?
Das ist lebendig Blut in frischer Kraft,
Das neues Leben sich aus Leben schafft.
Da regt sich alles, da wird was getan,
Das Schwache fällt, das Tüchtige tritt heran.
Indessen wir die halbe Welt gewonnen,
Was habt Ihr denn getan? genickt, gesonnen,
Geträumt, erwogen, Plan und immer Plan.
Gewiß! das Alter ist ein kaltes Fieber
Im Frost von grillenhafter Not.
Hat einer dreißig Jahr vorüber,
So ist er schon so gut wie tot.
Am besten wär's, euch zeitig totzuschlagen.

Mephistopheles

Der Teufel hat hier weiter nichts zu sagen.

Baccalaureus

Wenn ich nicht will, so darf kein Teufel sein.

Mephistopheles

Der Teufel stellt dir nächstens doch ein Bein.

Baccalaureus

Dies ist der Jugend edelster Beruf!
Die Welt, sie war nicht, eh' ich sie erschuf;
Die Sonne führt' ich aus dem Meer herauf;
Mit mir begann der Mond des Wechsels Lauf;
Da schmückte sich der Tag auf meinen Wegen,

Die Erde grünte, blühte mir entgegen.
Auf meinen Wink, in jener ersten Nacht,
Entfaltete sich aller Sterne Pracht.
Wer, außer mir, entband euch aller Schranken
Philisterhaft einklemmender Gedanken?
Ich aber frei, wie mir's im Geiste spricht,
Verfolge froh mein innerliches Licht,
Und wandle rasch, im eigensten Entzücken,
Das Helle vor mir, Finsternis im Rücken.

Mephistopheles
Original, fahr hin in deiner Pracht! –
Wie würde dich die Einsicht kränken:
Wer kann was Dummes, wer was Kluges denken,
Das nicht die Vorwelt schon gedacht? –
Doch sind wir auch mit diesem nicht gefährdet,
In wenig Jahren wird es anders sein:
Wenn sich der Most auch ganz absurd gebärdet,
Es gibt zuletzt doch noch e' Wein.
Ihr bleibt bei meinem Worte kalt,
Euch guten Kindern laß ich's gehen;
Bedenkt: der Teufel, der ist alt,
So werdet alt, ihn zu verstehen!

Laboratorium

Wagner
Die Glocke tönt, die fürchterliche,
Durchschauert die berußten Mauern.
Nicht länger kann das Ungewisse
Der ernstesten Erwartung dauern.
Schon hellen sich die Finsternisse;
Schon in der innersten Phiole
Erglüht es wie lebendige Kohle,
Ja wie der herrlichste Karfunkel,
Verstrahlend Blitze durch das Dunkel.

Ein helles weißes Licht erscheint!
O daß ich's diesmal nicht verliere! –
Ach Gott! was rasselt an der Türe?

Mephistopheles
Willkommen! es ist gut gemeint.

Wagner
Willkommen zu dem Stern der Stunde!
Doch haltet Wort und Atem fest im Munde,
Ein herrlich Werk ist gleich zustand gebracht.

Mephistopheles
Was gibt es denn? –

Wagner
Es wird ein Mensch gemacht.

Mephistopheles
Ein Mensch? Und welch verliebtes Paar
Habt ihr ins Rauchloch eingeschlossen?

Wagner
Behüte Gott! wie sonst das Zeugen Mode war,
Erklären wir für eitel Possen.
Der zarte Punkt, aus dem das Leben sprang,
Die holde Kraft, die aus dem Innern drang
Und nahm und gab, bestimmt sich selbst zu zeichnen,
Erst Nächstes, dann sich Fremdes anzueignen,
Die ist von ihrer Würde nun entsetzt;
Wenn sich das Tier noch weiter dran ergetzt,
So muß der Mensch mit seinen großen Gaben
Doch künftig höhern, höhern Ursprung haben.
Es leuchtet! seht! – Nun läßt sich wirklich hoffen,
Daß, wenn wir aus viel hundert Stoffen
Durch Mischung – denn auf Mischung kommt es an –
Den Menschenstoff gemächlich komponieren,
In einen Kolben verlutieren
Und ihn gehörig kohobieren,
So ist das Werk im stillen abgetan.

Es wird! die Masse regt sich klarer!
Die überzeugung wahrer, wahrer:
Was man an der Natur Geheimnisvolles pries,
Das wagen wir verständig zu probieren,
Und was sie sonst organisieren ließ,
Das lassen wir kristallisieren.

Mephistopheles

Wer lange lebt, hat viel erfahren,
Nichts Neues kann für ihn auf dieser Welt geschehn.
Ich habe schon in meinen Wanderjahren
Kristallisiertes Menschenvolk gesehn.

Wagner

Es steigt, es blitzt, es häuft sich an,
Im Augenblick ist es getan.
Ein großer Vorsatz scheint im Anfang toll;
Doch wollen wir des Zufalls künftig lachen,
Und so ein Hirn, das trefflich denken soll,
Wird künftig auch ein Denker machen.
Das Glas erklingt von lieblicher Gewalt,
Es trübt, es klärt sich; also muß es werden!
Ich seh' in zierlicher Gestalt
Ein artig Männlein sich gebärden.
Was wollen wir, was will die Welt nun mehr?
Denn das Geheimnis liegt am Tage.
Gebt diesem Laute nur Gehör,
Er wird zur Stimme, wird zur Sprache.

Homunculus

Nun Väterchen! wie steht's? es war kein Scherz.
Komm, drücke mich recht zärtlich an dein Herz!
Doch nicht zu fest, damit das Glas nicht springe.
Das ist die Eigenschaft der Dinge:
Natürlichem genügt das Weltall kaum,
Was künstlich ist, verlangt geschloßnen Raum.
Du aber, Schalk, Herr Vetter, bist du hier
Im rechten Augenblick? ich danke dir.

Ein gut Geschick führt dich zu uns herein;
Dieweil ich bin, muß ich auch tätig sein.
Ich möchte mich sogleich zur Arbeit schürzen.
Du bist gewandt, die Wege mir zu kürzen.

Wagner

Nur noch ein Wort! Bisher mußt' ich mich schämen,
Denn alt und jung bestürmt mich mit Problemen.
Zum Beispiel nur: noch niemand konnt' es fassen,
Wie Seel' und Leib so schön zusammenpassen,
So fest sich halten, als um nie zu scheiden,
Und doch den Tag sich immerfort verleiden.
Sodann – –

Mephistopheles

Halt ein! ich wollte lieber fragen:
Warum sich Mann und Frau so schlecht vertragen?
Du kommst, mein Freund, hierüber nie ins reine.
Hier gibt's zu tun, das eben will der Kleine.

Homunculus

Was gibt's zu tun? –

Mephistopheles

Hier zeige deine Gabe!

Wagner

Fürwahr, du bist ein allerliebster Knabe!

Homunculus

Bedeutend! – –
Schön umgeben! – Klar Gewässer
Im dichten Haine! Fraun, die sich entkleiden,
Die allerliebsten! – Das wird immer besser.
Doch eine läßt sich glänzend unterscheiden,
Aus höchstem Helden-, wohl aus Götterstamme.
Sie setzt den Fuß in das durchsichtige Helle;
Des edlen Körpers holde Lebensflamme
Kühlt sich im schmiegsamen Kristall der Welle. –
Doch welch Getöse rasch bewegter Flügel,

Welch Sausen, Plätschern wühlt im glatten Spiegel?
Die Mädchen fliehn verschüchtert; doch allein
Die Königin, sie blickt gelassen drein
Und sieht mit stolzem weiblichem Vergnügen
Der Schwäne Fürsten ihrem Knie sich schmiegen,
Zudringlich-zahm. Er scheint sich zu gewöhnen. –
Auf einmal aber steigt ein Dunst empor
Und deckt mit dichtgewebtem Flor
Die lieblichste von allen Szenen.

Mephistopheles

Was du nicht alles zu erzählen hast!
So klein du bist, so groß bist du Phantast.
Ich sehe nichts – –

Homunculus

Das glaub' ich. Du aus Norden,
Im Nebelalter jung geworden,
Im Wust von Rittertum und Pfäfferei,
Wo wäre da dein Auge frei!
Im Düstern bist du nur zu Hause.
Verbräunt Gestein, bemodert, widrig,
Spitzbögig, schnörkelhaftest, niedrig! –
Erwacht uns dieser, gibt es neue Not,
Er bleibt gleich auf der Stelle tot.
Waldquellen, Schwäne, nackte Schönen,
Das war sein ahnungsvoller Traum;
Wie wollt' er sich hierher gewöhnen!
Ich, der Bequemste, duld' es kaum.
Nun fort mit ihm! –

Mephistopheles

Der Ausweg soll mich freuen.

Homunculus

Befiehl den Krieger in die Schlacht,
Das Mädchen führe du zum Reihen,
So ist gleich alles abgemacht.
Jetzt eben, wie ich schnell bedacht,

Ist klassische Walpurgisnacht;
Das Beste, was begegnen könnte.
Bringt ihn zu seinem Elemente!

Mephistopheles
Dergleichen hab' ich nie vernommen.

Homunculus
Wie wollt' es auch zu euren Ohren kommen?
Romantische Gespenster kennt ihr nur allein;
Ein echt Gespenst, auch klassisch hat's zu sein.

Mephistopheles
Wohin denn aber soll die Fahrt sich regen?
Mich widern schon antikische Kollegen.

Homunculus
Nordwestlich, Satan, ist dein Lustrevier,
Südöstlich diesmal aber segeln wir –
An großer Fläche fließt Peneios frei,
Umbuscht, umbaumt, in still- und feuchten Buchten;
Die Ebne dehnt sich zu der Berge Schluchten,
Und oben liegt Pharsalus, alt und neu.

Mephistopheles
O weh! hinweg! und laßt mir jene Streite
Von Tyrannei und Sklaverei beiseite.
Mich langeweilt's; denn kaum ist's abgetan,
So fangen sie von vorne wieder an;
Und keiner merkt: er ist doch nur geneckt
Vom Asmodeus, der dahinter steckt.
Sie streiten sich, so heißt's, um Freiheitsrechte;
Genau besehn, sind's Knechte gegen Knechte.

Homunculus
Den Menschen laß ihr widerspenstig Wesen,
Ein jeder muß sich wehren, wie er kann,
Vom Knaben auf, so wird's zuletzt ein Mann.
Hier fragt sich's nur, wie dieser kann genesen.

Hast du ein Mittel, so erprob' es hier,
Vermagst du's nicht, so überlaß es mir.

Mephistopheles
Manch Brockenstückchen wäre durchzuproben,
Doch Heidenriegel find' ich vorgeschoben.
Das Griechenvolk, es taugte nie recht viel!
Doch blendet's euch mit freiem Sinnenspiel,
Verlockt des Menschen Brust zu heitern Sünden;
Die unsern wird man immer düster finden.
Und nun, was soll's? –

Homunculus
Du bist ja sonst nicht blöde;
Und wenn ich von thessalischen Hexen rede,
So denk' ich, hab' ich was gesagt.

Mephistopheles
Thessalische Hexen! Wohl! das sind Personen,
Nach denen hab' ich lang' gefragt.
Mit ihnen Nacht für Nacht zu wohnen,
Ich glaube nicht, daß es behagt;
Doch zum Besuch, Versuch – –

Homunculus
Den Mantel her,
Und um den Ritter umgeschlagen!
Der Lappen wird euch, wie bisher,
Den einen mit dem andern tragen;
Ich leuchte vor. –

Wagner
Und ich? –

Homunculus
Eh nun,
Du bleibst zu Hause, Wichtigstes zu tun.
Entfalte du die alten Pergamente,
Nach Vorschrift sammle Lebenselemente
Und füge sie mit Vorsicht eins ans andre.

Das *Was* bedenke, mehr bedenke *Wie*.
Indessen ich ein Stückchen Welt durchwandre,
Entdeck' ich wohl das Tüpfchen auf das i.
Dann ist der große Zweck erreicht;
Solch einen Lohn verdient ein solches Streben:
Gold, Ehre, Ruhm, gesundes langes Leben,
Und Wissenschaft und Tugend – auch vielleicht.
Leb wohl! –

Wagner

Leb wohl! Das drückt das Herz mir nieder.
Ich fürchte schon, ich seh' dich niemals wieder.

Mephistopheles

Nun zum Peneios frisch hinab!
Herr Vetter ist nicht zu verachten.
Am Ende hängen wir doch ab
Von Kreaturen, die wir machten.

Klassische Walpurgisnacht. Pharsalische Felder

Erichtho

Zum Schauderfeste dieser Nacht, wie öfter schon,
Tret' ich einher, Erichtho, ich, die düstere;
Nicht so abscheulich, wie die leidigen Dichter mich
Im übermaß verlästern. . . Endigen sie doch nie
In Lob und Tadel. . . überbleicht erscheint mir schon
Von grauer Zelten Woge weit das Tal dahin,
Als Nachgesicht der sorg- und grauenvollsten Nacht.
Wie oft schon wiederholt' sich's! wird sich immerfort
Ins Ewige wiederholen. . . Keiner gönnt das Reich
Dem andern; dem gönnt's keiner, der's mit Kraft erwarb
Und kräftig herrscht. Denn jeder, der sein innres Selbst
Nicht zu regieren weiß, regierte gar zu gern
Des Nachbars Willen, eignem stolzem Sinn gemäß. . .
Hier aber ward ein großes Beispiel durchgekämpft:
Wie sich Gewalt Gewaltigerem entgegenstellt,

Der Freiheit holder, tausendblumiger Kranz zerreißt,
Der starre Lorbeer sich ums Haupt des Herrschers biegt.
Hier träumte Magnus früher Größe Blütentag,
Dem schwanken Zünglein lauschend wachte Cäsar dort!
Das wird sich messen. Weiß die Welt doch, wem's gelang.
Wachfeuer glühen, rote Flammen spendende,
Der Boden haucht vergoßnen Blutes Widerschein,
Und angelockt von seltnem Wunderglanz der Nacht,
Versammelt sich hellenischer Sage Legion.
Um alle Feuer schwankt unsicher oder sitzt
Behaglich alter Tage fabelhaft Gebild. . .
Der Mond, zwar unvollkommen, aber leuchtend hell,
Erhebt sich, milden Glanz verbreitend überall;
Der Zelten Trug verschwindet, Feuer brennen blau.
Doch über mir! welch unerwartet Meteor?
Es leuchtet und beleuchtet körperlichen Ball.
Ich wittre Leben. Da geziemen will mir's nicht,
Lebendigem zu nahen, dem ich schädlich bin;
Das bringt mir bösen Ruf und frommt mir nicht.
Schon sinkt es nieder. Weich' ich aus mit Wohlbedacht!

Homunculus

Schwebe noch einmal die Runde
über Flamm- und Schaudergrauen;
Ist es doch in Tal und Grunde
Gar gespenstisch anzuschauen.

Mephistopheles

Seh' ich, wie durchs alte Fenster
In des Nordens Wust und Graus,
Ganz abscheuliche Gespenster,
Bin ich hier wie dort zu Haus.

Homunculus

Sieh! da schreitet eine Lange
Weiten Schrittes vor uns hin.

Mephistopheles

Ist es doch, als wär' ihr bange;
Sah uns durch die Lüfte ziehn.

Homunculus

Laß sie schreiten! setz ihn nieder,
Deinen Ritter, und sogleich
Kehret ihm das Leben wieder,
Denn er sucht's im Fabelreich.

Faust

Wo ist sie?- –

Homunculus

Wüßten's nicht zu sagen,
Doch hier wahrscheinlich zu erfragen.
In Eile magst du, eh' es tagt,
Von Flamm' zu Flamme spürend gehen:
Wer zu den Müttern sich gewagt,
Hat weiter nichts zu überstehen.

Mephistopheles

Auch ich bin hier an meinem Teil;
Doch wüßt' ich Besseres nicht zu unserm Heil,
Als: jeder möge durch die Feuer
Versuchen sich sein eigen Abenteuer.
Dann, um uns wieder zu vereinen,
Laß deine Leuchte, Kleiner, tönend scheinen.

Homunculus

So soll es blitzen, soll es klingen.
Nun frisch zu neuen Wunderdingen!

Faust

Wo ist sie?- Frage jetzt nicht weiter nach. . .
Wär's nicht die Scholle, die sie trug,
Die Welle nicht, die ihr entgegenschlug,
So ist's die Luft, die ihre Sprache sprach.
Hier! durch ein Wunder, hier in Griechenland!
Ich fühlte gleich den Boden, wo ich stand;

Wie mich, den Schläfer, frisch ein Geist durchglühte,
So steh' ich, ein Antäus an Gemüte.
Und find' ich hier das Seltsamste beisammen,
Durchforsch' ich ernst dies Labyrinth der Flammen.

Am oberen Peneios

Mephistopheles

Und wie ich diese Feuerchen durchschweife,
So find' ich mich doch ganz und gar entfremdet,
Fast alles nackt, nur hie und da behemdet:
Die Sphinxe schamlos, unverschämt die Greife,
Und was nicht alles, lockig und beflügelt,
Von vorn und hinten sich im Auge spiegelt. . .
Zwar sind auch wir von Herzen unanständig,
Doch das Antike find' ich zu lebendig;
Das müßte man mit neustem Sinn bemeistern
Und mannigfaltig modisch überkleistern. . .
Ein widrig Volk! Doch darf mich's nicht verdrießen,
Als neuer Gast anständig sie zu grüßen. . .
Glüchzu den schönen Fraun, den klugen Greisen!

Greif

Nicht Greisen! Greifen! – Niemand hört es gern,
Daß man ihn Greis nennt. Jedem Worte klingt
Der Ursprung nach, wo es sich her bedingt:
Grau, grämlich, griesgram, greulich, Gräber, grimmig,
Etymologisch gleicherweise stimmig, –
Verstimmen uns.

Mephistopheles

Und doch, nicht abzuschweifen,
Gefäallt das *Grei* im Ehrentitel *Greifen.*

Greif

Natürlich! Die Verwandtschaft ist erprobt,
Zwar oft gescholten, mehr jedoch gelobt;

Man greife nun nach Mädchen, Kronen, Gold,
Dem Greifenden ist meist Fortuna hold.

Ameisen

Ihr sprecht von Gold, wir hatten viel gesammelt,
In Fels- und Höhlen heimlich eingerammelt;
Das Arimaspen-Volk hat's ausgespürt,
Sie lachen dort, wie weit sie's weggeführt.

Greife

Wir wollen sie schon zum Geständnis bringen.

Arimaspen

Nur nicht zur freien Jubelnacht.
Bis morgen ist's alles durchgebracht,
Es wird uns diesmal wohl gelingen.

Mephistopheles

Wie leicht und gern ich mich hierher gewöhne,
Denn ich verstehe Mann für Mann.

Sphinx

Wir hauchen unsre Geistertöne,
Und ihr verkörpert sie alsdann.
Jetzt nenne dich, bis wir dich weiter kennen.

Mephistopheles

Mit vielen Namen glaubt man mich zu nennen –
Sind Briten hier? Sie reisen sonst so viel,
Schlachtfeldern nachzuspüren, Wasserfällen,
Gestürzten Mauern, klassisch dumpfen Stellen;
Das wäre hier für sie ein würdig Ziel.
Sie zeugten auch: Im alten Bühnenspiel
Sah man mich dort als old Iniquity.

Sphinx

Wie kam man drauf? –

Mephistopheles

Ich weiß es selbst nicht wie.

Sphinx

Mag sein! Hast du von Sternen einige Kunde?
Was sagst du zu der gegenwärt'gen Stunde?

Mephistopheles

Stern schießt nach Stern, beschnittner Mond scheint helle,
Und mir ist wohl an dieser trauten Stelle,
Ich wärme mich an deinem Löwenfelle.
Hinauf sich zu versteigen, wär' zum Schaden;
Gib Rätsel auf, gib allenfalls Scharaden.

Sphinx

Sprich nur dich selbst aus, wird schon Rätsel sein.
Versuch einmal, dich innigst aufzulösen:
„Dem frommen Manne nötig wie dem bösen,
Dem ein Plastron, aszetisch zu rapieren,
Kumpan dem andern, Tolles zu vollführen,
Und beides nur, um Zeus zu amüsieren."

Erster Greif

Den mag ich nicht! –

Zweiter Greif

Was will uns der?

Beide

Der Garstige gehöret nicht hierher!

Mephistopheles

Du glaubst vielleicht, des Gastes Nägel krauen
Nicht auch so gut wie deine scharfen Klauen?
Versuch's einmal! –

Sphinx

Du magst nur immer bleiben,
Wird dich's doch selbst aus unsrer Mitte treiben;
In deinem Lande tust dir was zugute,
Doch, irr' ich nicht, hier ist dir schlecht zumute.

Mephistopheles

Du bist recht appetitlich oben anzuschauen,
Doch unten hin die Bestie macht mir Grauen.

Sphinx

Du Falscher kommst zu deiner bittern Buße,
Denn unsre Tatzen sind gesund;
Dir mit verschrumpftem Pferdefuße
Behagt es nicht in unserem Bund.

Mephistopheles

Wer sind die Vögel, in den ästen
Des Pappelstromes hingewiegt?

Sphinx

Gewahrt euch nur! Die Allerbesten
Hat solch ein Singsang schon besiegt.

Sirenen

Ach was wollt ihr euch verwöhnen
In dem Häßlich-Wunderbaren!
Horcht, wir kommen hier zu Scharen
Und in wohlgestimmten Tönen;
So geziemet es Sirenen.

Sphinxe

Nötigt sie, herabzusteigen!
Sie verbergen in den Zweigen
Ihre garstigen Habichtskrallen,
Euch verderblich anzufallen,
Wenn ihr euer Ohr verleiht.

Sirenen

Weg das Hassen! weg das Neiden!
Sammeln wir die klarsten Freuden,
Unterm Himmel ausgestreut!
Auf dem Wasser, auf der Erde
Sei's die heiterste Gebärde,
Die man dem Willkommnen beut.

Mephistipheles

Das sind die saubern Neuigkeiten,
Wo aus der Kehle, von den Saiten
Ein Ton sich um den andern flicht.
Das Trallern ist bei mir verloren:
Es krabbelt wohl mir um die Ohren,
Allein zum Herzen dringt es nicht.

Sphinxe

Sprich nicht vom Herzen! das ist eitel;
Ein lederner verschrumpfter Beutel,
Das paßt dir eher zu Gesicht.

Faust

Wie wunderbar! das Anschaun tut mir Gnüge,
Im Widerwärtigen große, tüchtige Züge.
Ich ahne schon ein günstiges Geschick;
Wohin versetzt mich dieser ernste Blick?
Vor solchen hat einst ödipus gestanden;
Vor solchen krümmte sich Ulyß in hänfnen Banden;
Von solchen ward der höchste Schatz gespart,
Von diesen treu und ohne Fehl bewahrt.
Vom frischen Geiste fühl' ich mich durchdrungen;
Gestalten groß, groß die Erinnerungen.

Mephistopheles

Sonst hättest du dergleichen weggeflucht,
Doch jetzo scheint es dir zu frommen;
Denn wo man die Geliebte sucht,
Sind Ungeheuer selbst willkommen.

Faust

Ihr Frauenbilder müßt mir Rede stehn:
Hat eins der Euren Helena gesehn?

Sphinxe

Wir reichen nicht hinauf zu ihren Tagen,
Die letztesten hat Herkules erschlagen.
Von Chiron könntest du's erfragen;

Der sprengt herum in dieser Geisternacht;
Wenn er dir steht, so hast du's weit gebracht.

Sirenen

Sollte dir's doch auch nicht fehlen!. . .
Wie Ulyß bei uns verweilte,
Schmähend nicht vorübereilte,
Wußt' er vieles zu erzählen;
Würden alles dir vertrauen,
Wolltest du zu unsern Gauen
Dich ans grüne Meer verfügen.

Sphinx

Laß dich, Elder, nicht betrügen.
Statt daß Ulyß sich binden ließ,
Laß unsern guten Rat dich binden;
Kannst du den hohen Chiron finden,
Erfährst du, was ich dir verhieß.

Mephistopheles

Was krächzt vorbei mit Flügelschlag?
So schnell, daß man's nicht sehen mag,
Und immer eins dem andern nach,
Den Jäger würden sie ermüden.

Sphinx

Dem Sturm des Winterwinds vergleichbar,
Alcides' Pfeilen kaum erreichbar;
Es sind die raschen Stymphaliden,
Und wohlgemeint ihr Krächzegruß,
Mit Geierschnabel und Gänsefuß.
Sie möchten gern in unsern Kreisen
Als Stammverwandte sich erweisen.

Mephistopheles

Noch andres Zeug zischt zwischen drein.

Sphinx

Vor diesen sei Euch ja nicht bange!
Es sind die Köpfe der lernäischen Schlange,

Vom Rumpf getrennt, und glauben was zu sein.
Doch sagt, was soll nur aus Euch werden?
Was für unruhige Gebärden?
Wo wollt Ihr hin? Begebt Euch fort!. . .
Ich sehe, jener Chorus dort
Macht Euch zum Wendehals. Bezwingt Euch nicht,
Geht hin! begrüßt manch reizendes Gesicht!
Die Lamien sind's, lustfeine Dirnen,
Mit Lächelmund und frechen Stirnen,
Wie sie dem Satyrvolk behagen;
Ein Bocksfuß darf dort alles wagen.

Mephistopheles
Ihr bleibt doch hier? daß ich euch wiederfinde.

Sphinxe
Ja! Mische dich zum luftigen Gesinde.
Wir, von ägypten her, sind längst gewohnt,
Daß unsereins in tausend Jahre thront.
Und respektiert nur unsre Lage,
So regeln wir die Mond- und Sonnentage.
Sitzen vor den Pyramiden,
Zu der Völker Hochgericht;
überschwemmung, Krieg und Frieden –
Und verziehen kein Gesicht.

Am untern Peneios

Peneios
Rege dich, du Schilfgeflüster!
Hauche leise, Rohregeschwister,
Säuselt, leichte Weidensträuche,
Lispelt, Pappelzitterzweige,
Unterbrochnen Träumen zu!. . .
Weckt mich doch ein grauslich Wittern,
Heimlich allbewegend Zittern
Aus dem Wallestrom und Ruh'.

Faust

Hör' ich recht, so muß ich glauben:
Hinter den verschränkten Lauben
Dieser Zweige, dieser Stauden
Tönt ein menschenähnlichs Lauten.
Scheint die Welle doch ein Schwätzen,
Lüftein wie – ein Scherzergetzen.

Nymphen

Am besten geschäh' dir,
Du legtest dich nieder,
Erholtest im Kühlen
Ermüdete Glieder,
Genössest der immer
Dich meidenden Ruh;
Wir säuseln, wir rieseln,
Wir flüstern dir zu.

Faust

Ich wache ja! O laßt sie walten,
Die unvergleichlichen Gestalten,
Wie sie dorthin mein Auge schickt.
So wunderbar bin ich durchdrungen!
Sind'd Träume? Sind's Erinnerungen?
Schon einmal warst du so beglückt.
Gewässer schleichen durch die Frische
Der dichten, sanft bewegten Büsche,
Nicht rauschen sie, sie rieseln kaum;
Von allen Seiten hundert Quellen
Vereinen sich im reinlich hellen,
Zum Bade flach vertieften Raum.
Gesunde junge Frauenglieder,
Vom feuchten Spiegel doppelt wieder
Ergetztem Auge zugebracht!
Gesellig dann und fröhlich badend,
Erdreistet schwimmend, furchtsam watend;
Geschrei zuletzt und Wasserschlacht.
Begnügen sollt' ich mich an diesen,

Mein Auge sollte hier genießen,
Doch immer weiter strebt mein Sinn.
Der Blick dringt scharf nach jener Hülle,
Das reiche Laub der grünen Fülle
Verbirgt die hohe Königin.
Wundersam! auch Schwäne kommen
Aus den Buchten hergeschwommen,
Majestätisch rein bewegt.
Ruhig schwebend, zart gesellig,
Aber stolz und selbstgefällig,
Wie sich Haupt und Schnabel regt. . .
Einer aber scheint vor allen
Brüstend kühn sich zu gefallen,
Segelnd rasch durch alle fort;
Sein Gefieder bläht sich schwellend,
Welle selbst, auf Wogen wellend,
Dringt er zu dem heiligen Ort. . ..
Die andern schwimmen hin und wider
Mit ruhig glänzendem Gefieder,
Bald auch in regem prächtigen Streit,
Die scheuen Mädchen abzulenken,
Daß sie an ihren Dienst nicht denken,
Nur an die eigne Sicherheit.

Nymphen

Leget, Schwestern, euer Ohr
An des Ufers grüne Stufe;
Hör' ich recht, so kommt mir's vor
Als der Schall von Pferdes Hufe.
Wüßt' ich nur, wer dieser Nacht
Schnelle Botschaft zugebracht.

Faust

Ist mir doch, als dröhnt' die Erde,
Schallend unter eiligem Pferde.
Dorthin mein Blick!
Ein günstiges Geschick,
Soll es mich schon erreichen?

O Wunder ohnegleichen!
Ein Reuter kommt herangetrabt,
Er scheint von Geist und Mut begabt,
Von blendend-weißem Pferd getragen . . .
Ich irre nicht, ich kenn' ihn schon,
Der Philyra berühmter Sohn! –
Halt, Chiron! halt! Ich habe dir zu sagen . . .

Chiron
Was gibt's? Was ist's? –

Faust
Bezähme deinen Schritt!

Chiron
Ich raste nicht. –

Faust
So bitte! nimm mich mit!

Chiron
Sitz auf! so kann ich nach Belieben fragen:
Wohin des Wegs? Du stehst am Ufer hier,
Ich bin bereit, dich durch den Fluß zu tragen.

Faust
Wohin du willst. Für ewig dank' ich's dir . . .
Der große Mann, der edle Pädagog,
Der, sich zum Ruhm, ein Heldenvolk erzog,
Den schönen Kreis der edlen Argonauten
Und alle, die des Dichters Welt erbauten.

Chiron
Das lassen wir an seinem Ort!
Selbst Pallas kommt als Mentor nicht zu Ehren;
Am Ende treiben sie's nach ihrer Weise fort,
Als wenn sie nicht erzogen wären.

Faust
Den Arzt, der jede Pflanze nennt,
Die Wurzeln bis ins tiefste kennt,

Dem Kranken Heil, dem Wunden Linderung schafft,
Umarm' ich hier in Geist- und Körperkraft!

Chiron

Ward neben mir ein Held verletzt,
Da wußt' ich Hülf' und Rat zu schaffen;
Doch ließ ich meine Kunst zuletzt
Den Wurzelweibern und den Pfaffen.

Faust

Du bist der wahre große Mann,
Der Lobeswort nicht hören kann.
Er sucht bescheiden auszuweichen
Und tut, als gäb' es seinesgleichen.

Chiron

Du scheinest mir geschickt zu heucheln,
Dem Fürsten wie dem Volk zu schmeicheln.

Faust

So wirst du mir denn doch gestehn:
Du hast die Größten deiner Zeit gesehn,
Dem Edelsten in Taten nachgestrebt,
Halbgöttlich ernst die Tage durchgelebt.
Doch unter den heroischen Gestalten
Wen hast du für den Tüchtigsten gehalten?

Chiron

Im hehren Argonautenkreise
War jeder brav nach seiner eignen Weise,
Und nach der Kraft, die ihn beseelte,
Konnt' er genügen, wo's den andern fehlte.
Die Dioskuren haben stets gesiegt,
Wo Jugendfüll' und Schönheit überwiegt.
Entschluß und schnelle Tat zu andrer Heil,
Den Boreaden ward's zum schönsten Teil.
Nachsinnend, kräftig, klug, im Rat bequem,
So herrschte Jason, Frauen angenehm.
Dann Orpheus: zart und immer still bedächtig,

Schlug er die Leier allen übermächtig.
Scharfsichtig Lynceus, der bei Tag und Nacht
Das heil'ge Schiff durch Klipp' und Strand gebracht . . .
Gesellig nur läßt sich Gefahr erproben:
Wenn einer wirkt, die andern alle loben . . .

Faust

Von Herkules willst nichts erwähnen?

Chiron

O weh! errege nicht mein Sehnen . . .
Ich hatte Phöbus nie gesehn,
Noch Ares, Hermes, wie sie heißen;
Da sah ich mir vor Augen stehn,
Was alle Menschen göttlich preisen.
So war er ein geborner König,
Als Jüngling herrlichst anzuschaun;
Dem ältern Bruder untertänig
Und auch den allerliebsten Fraun.
Den zweiten zeugt nicht Gäa wieder,
Nicht führt ihn Hebe himmelein;
Vergebens mühen sich die Lieder,
Vergebens quälen sie den Stein.

Faust

So sehr auch Bildner auf ihn pochen,
So herrlich kam er nie zur Schau.
Vom schönsten Mann hast du gesprochen,
Nun sprich auch von der schönsten Frau!

Chiron

Was! . . . Frauenschönheit will nichts heißen,
Ist gar zu oft ein starres Bild;
Nur solch ein Wesen kann ich preisen,
Das froh und lebenslustig quillt.
Die Schöne bleibt sich selber selig;
Die Anmut macht unwiderstehlich,
Wie Helena, da ich sie trug.

Faust

Du trugst sie? –

Chiron

Ja, auf diesem Rücken.

Faust

Bin ich nicht schon verwirrt genug?
Und solch ein Sitz muß mich beglücken!

Chiron

Sie faßte so mich in das Haar,
Wie du es tust. –

Faust

O ganz und gar
Verlier' ich mich! Erzähle, wie?
Sie ist mein einziges Begehren!
Woher, wohin, ach, trugst du sie?

Chiron

Die Frage läßt sich leicht gewähren.
Die Dioskuren hatten jener Zeit
Das Schwesterchen aus Räuberfaust befreit.
Doch diese, nicht gewohnt, besiegt zu sein,
Ermannten sich urd stürmten hintendrein.
Da hielten der Geschwister eiligen Lauf
Die Sümpfe bei Eleusis auf;
Die Brüder wateten, ich patschte, schwamm hinüber;
Da sprang sie ab und streichelte
Die feuchte Mähne, schmeichelte
Und dankte lieblich-klug und selbstbewußt.
Wie war sie reizend! jung, des Alten Lust!

Faust

Erst zehen Jahr! . . . –

Chiron

Ich seh', die Philologen,
Sie haben dich so wie sich selbst betrogen.
Ganz eigen ist's mit mythologischer Frau,

Der Dichter bringt sie, wie er's braucht, zur Schau:
Nie wird sie mündig, wird nicht alt,
Stets appetitlicher Gestalt,
Wird jung entführt, im Alter noch umfreit;
Gnug, den Poeten bindet keine Zeit.

Faust

So sei auch sie durch keine Zeit gebunden!
Hat doch Achill auf Pherä sie gefunden,
Selbst außer aller Zeit. Welch seltnes Glück:
Errungen Liebe gegen das Geschick!
Und sollt' *ich* nicht, sehnsüchtigster Gewalt,
Ins Leben ziehn die einzigste Gestalt?
Das ewige Wesen, Göttern ebenbürtig,
So groß als zart, so hehr als liebenswürdig?
Du sahst sie einst; *heut* hab' ich sie gesehn,
So schön wie reizend, wie ersehnt so schön.
Nun ist mein Sinn, mein Wesen streng umfangen;
Ich lebe nicht, kann ich sie nicht erlangen.

Chiron

Mein fremder Mann! als Mensch bist du entzückt;
Doch unter Geistern scheinst du wohl verrückt.
Nun trifft sich's hier zu deinem Glücke;
Denn alle Jahr, nur wenig Augenblicke,
Pfleg' ich bei Manto vorzutreten,
Der Tochter äskulaps; im stillen Beten
Fleht sie zum Vater, daß, zu seiner Ehre,
Er endlich doch der ärzte Sinn verkläre
Und vom verwegnen Totschlag sie bekehre . . .
Die liebste mir aus der Sibyllengilde,
Nicht fratzenhaft bewegt, wohltätig milde;
Ihr glückt es wohl, bei einigem Verweilen,
Mit Wurzelkräften dich von Grund zu heilen.

Faust

Geheilt will ich nicht sein, mein Sinn ist mächtig;
Da wär' ich ja wie andre niederträchtig.

Chiron
Versäume nicht das Heil der edlen Quelle!
Geschwind herab! Wir sind zur Stelle.

Faust
Sag an! Wohin hast du, in grauser Nacht,
Durch Kiesgewässer mich ans Land gebracht?

Chiron
Hier trotzten Rom und Griechenland im Streite,
Peneios rechts, links den Olymp zur Seite,
Das größte Reich, das sich im Sand verliert;
Der König flieht, der Bürger triumphiert.
Blick auf! hier steht, bedeutend nah,
Im Mondenschein der ewige Tempel da.

Manto
Von Pferdes Hufe
Erklingt die heilige Stufe,
Halbgötter treten heran.

Chiron
Ganz recht!
Nur die Augen aufgetan!

Manto
Willkommen! ich seh', du bleibst nicht aus.

Chiron
Steht dir doch auch dein Tempelhaus!

Manto
Streiftst du noch immer unermüdet?

Chiron
Wohnst du doch immer still umfriedet,
Indes zu kreisen mich erfreut.

Manto
Ich harre, mich umkreist die Zeit.
Und dieser? –

Chiron

Die verrufene Nacht
Hat strudelnd ihn hierher gebracht.
Helenen, mit verrückten Sinnen,
Helenen will er sich gewinnen
Und weiß nicht, wie und wo beginnen;
Asklepischer Kur vor andern wert.

Manto

Den lieb' ich, der Unmögliches begehrt.

Manto

Tritt ein, Verwegner, sollst dich freuen!
Der dunkle Gang führt zu Persephoneien.
In des Olympus hohlem Fuß
Lauscht sie geheim verbotnem Gruß.
Hier hab' ich einst den Orpheus eingeschwärzt;
Benutz es besser! frisch! beherzt!

Am obern Peneios

Sirenen

Stürzt euch in Peneios' Flut!
Plätschernd ziemt es da zu schwimmen,
Lied um Lieder anzustimmen,
Dem unseligen Volk zugut.
Ohne Wasser ist kein Heil!
Führen wir mit hellem Heere
Eilig zum ägäischen Meere,
Würd' uns jede Lust zuteil.

Sirenen

Schäumend kehrt die Welle wieder,
Fließt nicht mehr im Bett darnieder;
Grund erbebt, das Wasser staucht,
Kies und Ufer berstend raucht.
Flüchten wir! Kommt alle, kommt!

Niemand, dem das Wunder frommt.
Fort! ihr edlen frohen Gäste,
Zu dem seeisch heitern Feste,
Blinkend, wo die Zitterwellen,
Ufernetzend, leise schwellen;
Da, wo Luna doppelt leuchtet,
Uns mit heil'gem Tau befeuchtet.
Dort ein freibewegtes Leben,
Hier ein ängstlich Erdebeben;
Eile jeder Kluge fort!
Schauderhaft ist's um den Ort.

Seismos

Einmal noch mit Kraft geschoben,
Mit den Schultern brav gehoben!
So gelangen wir nach oben,
Wo uns alles weichen muß.

Sphinxe

Welch ein widerwärtig Zittern,
Häßlich grausenhaftes Wittern!
Welch ein Schwanken, welches Beben,
Schaukelnd Hin- und Widerstreben!
Welch unleidlicher Verdruß!
Doch wir ändern nicht die Stelle,
Bräche los die ganze Hölle.
Nun erhebt sich ein Gewölbe
Wundersam. Es ist derselbe,
Jener Alte, längst Ergraute,
Der die Insel Delos baute,
Einer Kreißenden zulieb'
Aus der Wog' empor sie trieb.
Er, mit Streben, Drängen, Drücken,
Arme straff, gekrümmt den Rücken,
Wie ein Atlas an Gebärde,
Hebt er Boden, Rasen, Erde,
Kies und Grieß und Sand und Letten,
Unsres Ufers stille Betten.

So zerreißt er eine Strecke
Quer des Tales ruhige Decke.
Angestrengtest, nimmer müde,
Kolossale Karyatide,
Trägt ein furchtbar Steingerüste,
Noch im Boden bis zur Büste;
Weiter aber soll's nicht kommen,
Sphinxe haben Platz genommen.

Seismos

Das hab' ich ganz allein vermittelt,
Man wird mir's endlich zugestehn;
Und hätt' ich nicht geschüttelt und gerüttelt,
Wie wäre diese Welt so schön? –
Wie ständen eure Berge droben
In prächtig-reinem ätherblau,
Hätt' ich sie nicht hervorgeschoben
Zu malerisch-entzückter Schau?
Als, angesichts der höchsten Ahnen,
Der Nacht, des Chaos, ich mich stark betrug
Und, in Gesellschaft von Titanen,
Mit Pelion und Ossa als mit Ballen schlug,
Wir tollten fort in jugendlicher Hitze,
Bis überdrüssig noch zuletzt
Wir dem Parnaß, als eine Doppelmütze,
Die beiden Berge frevelnd aufgesetzt . . .
Apollen hält ein froh Verweilen
Dort nun mit seliger Musen Chor.
Selbst Jupitern und seinen Donnerkeilen
Hob ich den Sessel hoch empor.
Jetzt so, mit ungeheurem Streben,
Drang aus dem Abgrund ich herauf
Und fordre laut, zu neuem Leben,
Mir fröhliche Bewohner auf.

Sphinxe

Uralt, müßte man gestehen,
Sei das hier Emporgebürgte,

Hätten wir nicht selbst gesehen,
Wie sich's aus dem Boden würgte.
Bebuschter Wald verbreitet sich hinan,
Noch drängt sich Fels auf Fels bewegt heran;
Ein Sphinx wird sich daran nicht kehren:
Wir lassen uns im heiligen Sitz nicht stören.

Greife

Gold in Blättchen, Gold in Flittern
Durch die Ritzen seh ich zittern.
Laßt euch solchen Schatz nicht rauben,
Imsen, auf! es auszuklauben.

Chor der Ameisen

Wie ihn die Riesigen
Emporgehoben,
Ihr Zappelfüßigen,
Geschwind nach oben!
Behendest aus und ein!
In solchen Ritzen
Ist jedes Bröselein
Wert zu besitzen.
Das Allermindeste
Müßt ihr entdecken
Auf das geschwindeste
In allen Ecken.
Allemsig müßt ihr sein,
Ihr Wimmelscharen;
Nur mit dem Gold herein!
Den Berg laßt fahren.

Greife

Herein! Herein! Nur Gold zu Hauf!
Wir legen unsre Klauen drauf;
Sind Riegel von der besten Art,
Der größte Schatz ist wohlverwahrt.

Pygmäen

Haben wirklich Platz genommen,

Wissen nicht, wie es geschah.
Fraget nicht, woher wir kommen,
Denn wir sind nun einmal da!
Zu des Lebens lustigem Sitze
Eignet sich ein jedes Land;
Zeigt sich eine Felsenritze,
Ist auch schon der Zwerg zur Hand.
Zwerg und Zwergin, rasch zum Fleiße,
Musterhaft ein jedes Paar;
Weiß nicht, ob es gleicher Weise
Schon im Paradiese war.
Doch wir finden's hier zum besten,
Segnen dankbar unsern Stern;
Denn im Osten wie im Westen
Zeugt die Mutter Erde gern.

Daktyle

Hat sie in einer Nacht
Die Kleinen hervorgebracht,
Sie wird die Kleinsten erzeugen;
Finden auch ihresgleichen.

Pygmäen-älteste

Eilet, bequemen
Sitz einzunehmen!
Eilig zum Werke!
Schnelle für Stärke!
Noch ist es Friede;
Baut euch die Schmiede,
Harnisch und Waffen
Dem Heer zu schaffen.
Ihr Imsen alle,
Rührige im Schwalle,
Schafft uns Metalle!
Und ihr Daktyle,
Kleinste, so viele,
Euch sei befohlen,
Hölzer zu holen!

Schlichtet zusammen
Heimliche Flammen,
Schaffet uns Kohlen.

Generalissimus

Mit Pfeil und Bogen
Frisch ausgezogen!
An jenem Weiher
Schießt mir die Reiher,
Unzählig nistende,
Hochmütig brüstende,
Auf einen Ruck,
Alle wie *einen!*
Daß wir erscheinen
Mit Helm und Schmuck.

Imsen und Daktyle

Wer wird uns retten!
Wir schaffen 's Eisen,
Sie schmieden Ketten.
Uns loszureißen,
Ist noch nicht zeitig,
Drum seid geschmeidig.

Die kraniche des Ibykus

Mordgeschrei und Sterbeklagen!
ängstlich Flügelflatterschlagen!
Welch ein ächzen, welch Gestöhn
Dringt herauf zu unsern Höhn!
Alle sind sie schon ertötet,
See von ihrem Blut gerötet,
Mißgestaltete Begierde
Raubt des Reihers edle Zierde.
Weht sie doch schon auf dem Helme
Dieser Fettbauch-Krummbein-Schelme.
Ihr Genossen unsres Heeres,
Reihenwanderer des Meeres,
Euch berufen wir zur Rache

In so nahverwandter Sache.
Keiner spare Kraft und Blut!
Ewige Feindschaft dieser Brut!

Mephistopheles

Die nordischen Hexen wußt' ich wohl zu meistern,
Mir wird's nicht just mit diesen fremden Geistern.
Der Blocksberg bleibt ein gar bequem Lokal,
Wo man auch sei, man findet sich zumal.
Frau *Ilse* wacht für uns auf ihrem *Stein,*
Auf seiner *Höh'* wird *Heinrich* munter sein,
Die *Schnarcher* schnauzen zwar das *Elend* an,
Doch alles ist für tausend Jahr getan.
Wer weiß denn hier nur, wo er geht und steht,
Ob unter ihm sich nicht der Boden bläht? . . .
Ich wandle lustig durch ein glattes Tal,
Und hinter mir erhebt sich auf einmal
Ein Berg, zwar kaum ein Berg zu nennen,
Von meinen Sphinxen mich jedoch zu trennen
Schon hoch genug – hier zuckt noch manches Feuer
Das Tal hinab und flammt ums Abenteuer . . .
Noch tanzt und schwebt mir lockend, weichend vor,
Spitzbübisch gaukelnd, der galante Chor.
Nur sachte drauf! Allzugewohnt ans Naschen,
Wo es auch sei, man sucht was zu erhaschen.

Lamien

Geschwind, geschwinder!
Und immer weiter!
Dann wieder zaudernd,
Geschwätzig plaudernd.
Es ist so heiter,
Den alten Sünder
Uns nachzuziehen,
Zu schwerer Buße.
Mit starrem Fuße
Kommt er geholpert,
Einhergestolpert;

Er schleppt das Bein,
Wie wir ihn fliehen,
Uns hinterdrein!

Mephistopheles

Verflucht Geschick! Betrogne Mannsen!
Von Adam her verführte Hansen!
Alt wird man wohl, wer aber klug?
Warst du nicht schon vernarrt genug!
Man weiß, das Volk taugt aus dem Grunde nichts,
Geschnürten Leibs, geschminkten Angesichts.
Nichts haben sie Gesundes zu erwidern,
Wo man sie anfaßt, morsch in allen Gliedern.
Man weiß, man sieht's, man kann es greifen,
Und dennoch tanzt man, wenn die Luder pfeifen!

Lamien

Halt! er besinnt sich, zaudert, steht;
Entgegnet ihm, daß er euch nicht entgeht!

Mephistopheles

Nur zu! und laß dich ins Gewebe
Der Zweifelei nicht törig ein;
Denn wenn es keine Hexen gäbe,
Wer Teufel möchte Teufel sein!

Lamien

Kreisen wir um diesen Helden!
Liebe wird in seinem Herzen
Sich gewiß für eine melden.

Mephistopheles

Zwar bei ungewissem Schimmer
Scheint ihr hübsche Frauenzimmer,
Und so möcht' ich euch nicht schelten.

Empuse

Auch nicht mich! als eine solche
Laßt mich ein in eure Folge.

Lamien

Die ist in unserm Kreis zuviel,
Verdirbt doch immer unser Spiel.

Empuse

Begrüßt von Mühmichen Empuse,
Der Trauten mit dem Eselsfuße!
Du hast nur einen Pferdefuß,
Und doch, Herr Vetter, schönsten Gruß!

Mephistopheles

Hier dacht' ich lauter Unbekannte
Und finde leider Nahverwandte;
Es ist ein altes Buch zu blättern:
Vom Harz bis Hellas immer Vettern!

Empuse

Entschieden weiß ich gleich zu handeln,
In vieles könnt' ich mich verwandeln;
Doch Euch zu Ehren hab' ich jetzt
Das Eselsköpfchen aufgesetzt.

Mephistopheles

Ich merk', es hat bei diesen Leuten
Verwandtschaft Großes zu bedeuten;
Doch mag sich, was auch will, eräugnen,
Den Eselskopf möcht' ich verleugnen.

Lamien

Laß diese Garstige, sie verscheucht,
Was irgend schön und lieblich deucht;
Was irgend schön und lieblich wär' –
Sie kommt heran, es ist nicht mehr!

Mephistopheles

Auch diese Mühmchen zart und schmächtig,
Sie sind mir allesamt verdächtig;
Und hinter solcher Wänglein Rosen
Fürcht' ich doch auch Metamorphosen.

Lamien

Versuch es doch! sind unsrer viele.
Greif zu! Und hast du Glück im Spiele,
Erhasche dir das beste Los.
Was soll das lüsterne Geleier?
Du bist ein miserabler Freier,
Stolzierst einher und tust so groß! –
Nun mischt er sich in unsre Scharen;
Laßt nach und nach die Masken fahren
Und gebt ihm euer Wesen bloß.

Mephistopheles

Die Schönste hab' ich mir erlesen . . .
O weh mir! welch ein dürrer Besen!
Und diese? . . . Schmähliches Gesicht!

Lamien

Verdienst du's besser? dünkt es nicht.

Mephistopheles

Die Kleine möcht' ich mir verpfänden . . .
Lacerte schlüpft mir aus den Händen!
Und schlangenhaft der glatte Zopf.
Dagegen fass' ich mir die Lange . . .
Da pack' ich eine Thyrsusstange,
Den Pinienapfel als den Kopf!
Wo will's hinaus? . . . Noch eine Dicke,
An der ich mich vielleicht erquicke;
Zum letztenmal gewagt! Es sei!
Recht quammig, quappig, das bezahlen
Mit hohem Preis Orientalen . . .
Doch ach! der Bovist platzt entzwei!

Lamien

Fahrt auseinander, schwankt und schwebet
Blitzartig, schwarzen Flugs umgebet
Den eingedrungnen Hexensohn!
Unsichre, schauderhafte Kreise!

Schweigsamen Fittichs, Fledermäuse!
Zu wohlfeil kommt er doch davon.

Mephistopheles

Viel klüger, scheint es, bin ich nicht geworden;
Absurd ist's hier, absurd im Norden,
Gespenster hier wie dort vertrackt,
Volk und Poeten abgeschmackt.
Ist eben hier eine Mummenschanz
Wie überall, ein Sinnentanz.
Ich griff nach holden Maskenzügen
Und faßte Wesen, daß mich's schauerte . . .
Ich möchte gerne mich betrügen,
Wenn es nur länger dauerte.
Wo bin ich denn? Wo will's hinaus?
Das war ein Pfad, nun ist's ein Graus.
Ich kam daher auf glatten Wegen,
Und jetzt steht mir Geröll entgegen.
Vergebens klettr' ich auf und nieder,
Wo find' ich meine Sphinxe wieder?
So toll hätt' ich mir's nicht gedacht,
Ein solch Gebirge in *einer* Nacht!
Das heiß' ich frischen Hexenritt,
Die bringen ihren Blocksberg mit.

Oreas

Herauf hier! Mein Gebirg ist alt,
Steht in ursprünglicher Gestalt.
Verehre schroffe Felsensteige,
Des Pindus letztgedehnte Zweige!
Schon stand ich unerschüttert so,
Als über mich Pompejus floh.
Daneben das Gebild des Wahns
Verschwindet schon beim Krähn des Hahns.
Dergleichen Märchen seh' ich oft entstehn
Und plötzlich wieder untergehn.

Mephistopheles

Sei Ehre dir, ehrwürdiges Haupt,
Von hoher Eichenkraft umlaubt!
Der allerklarste Mondenschein
Dringt nicht zur Finsternis herein. –
Doch neben am Gebüsche zieht
Ein Licht, das gar bescheiden glüht.
Wie sich das alles fügen muß!
Fürwahr, es ist Homunculus!
Woher des Wegs, du Kleingeselle?

Homunculus

Ich schwebe so von Stell' zu Stelle
Und möchte gern im besten Sinn entstehn,
Voll Ungeduld, mein Glas entzweizuschlagen;
Allein, was ich bisher gesehn,
Hinein da möcht' ich mich nicht wagen.
Nur, um dir's im Vertraun zu sagen:
Zwei Philosophen bin ich auf der Spur,
Ich horchte zu, es hieß: Natur, Natur!
Von diesen will ich mich nicht trennen,
Sie müssen doch das irdische Wesen kennen;
Und ich erfahre wohl am Ende,
Wohin ich mich am allerklügsten wende.

Mephistopheles

Das tu auf deine eigne Hand.
Denn wo Gespenster Platz genommen,
Ist auch der Philosoph willkommen.
Damit man seiner Kunst und Gunst sich freue,
Erschafft er gleich ein Dutzend neue.
Wenn du nicht irrst, kommst du nicht zu Verstand.
Willst du entstehn, entsteh auf eigne Hand!

Homunculus

Ein guter Rat ist auch nicht zu verschmähn.

Mephistopheles

So fahre hin! Wir wollen's weiter sehn.

Anaxagoras

Dein starrer Sinn will sich nicht beugen;
Bedarf es Weitres, dich zu überzeugen?

Thales

Die Welle beugt sich jedem Winde gern,
Doch hält sie sich vom schroffen Felsen fern.

Anaxagoras

Durch Feuerdunst ist dieser Fels zu Handen.

Thales

Im Feuchten ist Lebendiges erstanden.

Homunculus

Laßt mich an eurer Seite gehn.
Mir selbst gelüstet's, zu entstehn!

Axanagoras

Hast du, o Thales, je in einer Nacht
Solch einen Berg aus Schlamm hervorgebracht?

Thales

Nie war Natur und ihr lebendiges Fließen
Auf Tag und Nacht und Stunden angewiesen.
Sie bildet regelnd jegliche Gestalt,
Und selbst im Großen ist es nicht Gewalt.

Anaxagoras

Hier aber war's! Plutonisch grimmig Feuer,
äolischer Dünste Knallkraft, ungeheuer,
Durchbrach des flachen Bodens alte Kruste,
Daß neu ein Berg sogleich entstehen mußte.

Thales

Was wird dadurch nun weiter fortgesetzt?
Er ist auch da, und das ist gut zuletzt.
Mit solchem Streit verliert man Zeit und Weile
Und führt doch nur geduldig Volk am Seile.

Anaxagoras

Schnell quillt der Berg von Myrmidonen,

Die Felsenspalten zu bewohnen;
Pygmäen, Imsen, Däumerlinge
Und andre tätig kleine Dinge.
Nie hast du Großem nachgestrebt,
Einsiedlerisch-beschränkt gelebt;
Kannst du zur Herrschaft dich gewöhnen,
So laß ich dich als König krönen.

Homunculus
Was sagt mein Thales? –

Thales
Will's nicht raten;
Mit Kleinen tut man kleine Taten,
Mit Großen wird der Kleine groß.
Sieh hin! die schwarze Kranichwolke!
Sie droht dem aufgeregten Volke
Und würde so dem König drohn.
Mit scharfen Schnäbeln, krallen Beinen,
Sie stechen nieder auf die Kleinen;
Verhängnis wetterleuchtet schon.
Ein Frevel tötete die Reiher,
Umstellend ruhigen Friedensweiher.
Doch jener Mordgeschosse Regen
Schafft grausam-blut'gen Rachesegen,
Erregt der Nahverwandten Wut
Nach der Pygmäen frevlem Blut.
Was nützt nun Schild und Helm und Speer?
Was hilft der Reiherstrahl den Zwergen?
Wie sich Daktyl und Imse bergen!
Schon wankt, es flieht, es stürzt das Heer.

Anaxagoras
Konnt' ich bisher die Unterirdischen loben,
So wend' ich mich in diesem Fall nach oben. . .
Du! droben ewig Unveraltete,
Dreinamig-Dreigestaltete,
Dich ruf' ich an bei meines Volkes Weh,

Diana, Luna, Hekate!
Du Brusterweiternde, im Tiefsten Sinnige,
Du Ruhigscheinende, Gewaltsam-Innige,
Eröffne deiner Schatten grausen Schlund,
Die alte Macht sei ohne Zauber kund!
Bin ich zu schnell erhört?
Hat mein Flehn
Nach jenen Höhn
Die Ordnung der Natur gestört?
Und größer, immer größer nahet schon
Der Göttin rundumschriebner Thron,
Dem Auge furchtbar, ungeheuer!
Ins Düstre rötet sich sein Feuer...
Nicht näher, drohend-mächtige Runde!
Du richtest uns und Land und Meer zugrunde!
So wär' es wahr, daß dich thessalische Frauen
In frevlend magischem Vertrauen
Von deinem Pfad herabgesungen,
Verderblichstes dir abgerungen?...
Das lichte Schild hat sich umdunkelt,
Auf einmal reißt's und blitzt und funkelt!
Welch ein Geprassel! Welch ein Zischen!
Ein Donnern, Windgetüm dazwischen! –
Demütig zu des Thrones Stufen! –
Verzeiht! Ich hab' es hergerufen.

Thales

Was dieser Mann nicht alles hört' und sah!
Ich weiß nicht recht, wie uns geschah,
Auch hab' ich's nicht mit ihm empfunden.
Gestehen wir, es sind verrückte Stunden,
Und Luna wiegt sich ganz bequem
An ihrem Platz, so wie vordem.

Homunculus

Schaut hin nach der Pygmäen Sitz!
Der Berg war rund, jetzt ist er spitz.
Ich spürt' ein ungeheures Prallen,

Der Fels war aus dem Mond gefallen;
Gleich hat er, ohne nachzufragen,
So Freund als Feind gequetscht, erschlagen.
Doch muß ich solche Künste loben,
Die schöpferisch, in einer Nacht,
Zugleich von unten und von oben,
Dies Berggebäu zustand gebracht.

Thales

Sei ruhig! Es war nur gedacht.
Sie fahre hin, die garstige Brut!
Daß du nicht König warst, ist gut.
Nun fort zum heitern Meeresfeste,
Dort hofft und ehrt man Wundergäste.

Mephistopheles

Da muß ich mich durch steile Felsentreppen,
Durch alter Eichen starre Wurzeln schleppen!
Auf meinem Harz der harzige Dunst
Hat was vom Pech, und das hat meine Gunst,
Zunächst dem Schwefel. . . Hier, bei diesen Griechen
Ist von dergleichen kaum die Spur zu riechen;
Neugierig aber wär' ich, nachzuspüren,
Womit sie Höllenqual und -flamme schüren.

Dryas

In deinem Lande sei einheimisch klug,
Im fremden bist du nicht gewandt genug.
Du solltest nicht den Sinn zur Heimat kehren,
Der heiligen Eichen Würde hier verehren.

Mephistopheles

Man denkt an das, was man verließ;
Was man gewohnt war, bleibt ein Paradies.
Doch sagt: was in der Höhle dort,
Bei schwachem Licht, sich dreifach hingekauert?

Dryas

Die Phorkyaden! Wage dich zum Ort
Und sprich sie sie an, wenn dich nicht schauert.

Mephistopheles

Warum denn nicht! – Ich sehe was, und staune!
So stolz ich bin, muß ich mir selbst gestehn:
Dergleichen hab' ich nie gesehn,
Die sind ja schlimmer als Alraune. . .
Wird man die urverworfnen Sünden
Im mindesten noch häßlich finden,
Wenn man dies Dreigetüm erblickt?
Wir litten sie nicht auf den Schwellen
Der grauenvollsten unsrer Höllen.
Hier wurzelt's in der Schönheit Land,
Das wird mit Ruhm antik genannt. . .
Sie regen sich, sie scheinen mich zu spüren,
Sie zwitschern pfeifend, Fledermaus-Vampyren.

Phorkyas

Gebt mir das Auge, Schwestern, daß es frage,
Wer sich so nah an unsre Tempel wage.

Mephistopheles

Verehrteste! Erlaubt mir, euch zu nahen
Und euren Segen dreifach zu empfahen.
Ich trete vor, zwar noch als Unbekannter,
Doch, irr' ich nicht, weitläufiger Verwandter.
Altwürdige Götter hab' ich schon erblickt,
Vor Ops und Rhea tiefstens mich gebückt;
Die Parzen selbst, des Chaos, eure Schwestern,
Ich sah sie gestern – oder ehegestern;
Doch euresgleichen hab' ich nie erblickt.
Ich schweige nun und fühle mich entzückt.

Phorkyaden

Er scheint Verstand zu haben, dieser Geist.

Mephistopheles

Nur wundert's mich, daß euch kein Dichter preist.
Und sagt: wie kam's, wie konnte das geschehn?
Im Bilde hab' ich nie euch Würdigste gesehn;
Versuch's der Meißel doch, euch zu erreichen,
Nicht Juno, Pallas, Venus und dergleichen.

Phorkyaden

Versenkt in Einsamkeit und stillste Nacht,
Hat unser Drei noch nie daran gedacht!

Mephistopheles

Wie sollt' es auch? da ihr, der Welt entrückt,
Hier niemand seht und niemand euch erblickt.
Da müßtet ihr an solchen Orten wohnen,
Wo Pracht und Kunst auf gleichem Sitze thronen,
Wo jeden Tag, behend, im Doppelschritt,
Ein Marmorblock als Held ins Leben tritt.
Wo- –

Phorkyaden

Schweige still und gib uns kein Gelüsten!
Was hülf' es uns, und wenn wir's besser wüßten?
In Nacht geboren, Nächtlichem verwandt,
Beinah uns selbst, ganz allen unbekannt.

Mephistopheles

In solchem Fall hat es nicht viel zu sagen,
Man kann sich selbst auch andern übertragen.
Euch dreien gnügt *ein* Auge, gnügt *ein* Zahn;
Da ging' es wohl auch mythologisch an,
In zwei die Wesenheit der drei zu fassen,
Der Dritten Bildnis mir zu überlassen,
Auf kurze Zeit. –

Eine

Wie dünkt's euch? ging' es an?

Die Andern

Versuchen wir's! – doch ohne Aug' und Zahn.

Mephistopheles

Nun habt ihr grad das Beste weggenommen;
Wie würde da das strengste Bild vollkommen!

Eine

Drück du ein Auge zu, 's ist leicht geschehn,
Laß alsofort den *einen* Raffzahn sehn,
Und im Profil wirst du sogleich erreichen,
Geschwisterlich vollkommen uns zu gleichen.

Mephistopheles

Viel Ehr'! Es sei! –

Phorkyaden

Es sei! –

Mephistopheles

Da steh' ich schon,
Des Chaos vielgeliebter Sohn!

Phorkyaden

Des Chaos Töchter sind wir unbestritten.

Mephistopheles

Man schilt mich nun, o Schmach, Hermaphroditen.

Phorkyaden

Im neuen Drei der Schwestern welche Schöne!
Wir haben zwei der Augen, zwei der Zähne.

Mephistopheles

Vor aller Augen muß ich mich verstecken,
Im Höllenpfuhl die Teufel zu erschrecken.

Felsbuchten des ägäischen Meers

Sirenen

Haben sonst bei nächtigem Grauen
Dich thessalische Zauberfrauen
Frevelhaft herabgezogen,

Blicke ruhig von dem Bogen
Deiner Nacht auf Zitterwogen
Mildeblitzend Glanzgewimmel
Und erleuchte das Getümmel,
Das sich aus den Wogen hebt!
Dir zu jedem Dienst erbötig,
Schöne Luna, sei uns gnädig!

Nereiden und Tritonen

Tönet laut in schärfern Tönen,
Die das breite Meer durchdröhnen,
Volk der Tiefe ruft fortan!
Vor des Sturmes grausen Schlünden
Wichen wir zu stillsten Gründen,
Holder Sang zieht uns heran.
Seht, wie wir im Hochentzücken
Uns mit goldenen Ketten schmücken,
Auch zu Kron' und Edelsteinen
Spang- und Gürtelschmuck vereinen!
Alles das ist eure Frucht.
Schätze, scheiternd hier verschlungen,
Habt ihr uns herangesungen,
Ihr Dämonen unsrer Bucht.

Sirenen

Wissen's wohl, in Meeresfrische
Glatt behagen sich die Fische,
Schwanken Lebens ohne Leid;
Doch, ihr festlich regen Scharen,
Heute möchten wir erfahren,
Daß ihr mehr als Fische seid.

Nereiden und Tritonen

Ehe wir hieher gekommen,
Haben wir's zu Sinn genommen;
Schwestern, Brüder, jetzt geschwind!
Heut bedarf's der kleinsten Reise

Zum vollgültigsten Beweise,
Daß wir mehr als Fische sind.

Sirenen

Fort sind sie im Nu!
Nach Samothrace grade zu,
Verschwunden mit günstigem Wind.
Was denken sie zu vollführen
Im Reiche der hohen Kabiren?
Sind Götter! Wundersam eigen,
Die sich immerfort selbst erzeugen
Und niemals wissen, was sie sind.
Bleibe auf deinen Höhn,
Holde Luna, gnädig stehn,
Daß es nächtig verbleibe,
Uns der Tag nicht vertreibe!

Thales

Ich führte dich zum alten Nereus gern;
Zwar sind wir nicht von seiner Höhle fern,
Doch hat er einen harten Kopf,
Der widerwärtige Sauertopf.
Das ganze menschliche Geschlecht
Macht's ihm, dem Griesgram, nimmer recht.
Doch ist die Zukunft ihm entdeckt,
Dafür hat jedermann Respekt
Und ehret ihn auf seinem Posten;
Auch hat er manchem wohlgetan.

Homunculus

Probieren wir's und klopfen an!
Nicht gleich wird's Glas und Flamme kosten.

Nereus

Sind's Menschenstimmen, die mein Ohr vernimmt?
Wie es mir gleich im tiefsten Herzen grimmt!
Gebilde, strebsam, Götter zu erreichen,
Und doch verdammt, sich immer selbst zu gleichen.
Seit alten Jahren konnt' ich göttlich ruhn,

Doch trieb mich's an, den Besten wohlzutun;
Und schaut' ich dann zuletzt vollbrachte Taten,
So war es ganz, als hätt' ich nicht geraten.

Thales

Und doch, o Greis des Meers, vertraut man dir;
Du bist der Weise, treib uns nicht von hier!
Schau diese Flamme, menschenähnlich zwar,
Sie deinem Rat ergibt sich ganz und gar.

Nereus

Was Rat! Hat Rat bei Menschen je gegolten?
Ein kluges Wort erstarrt im harten Ohr.
So oft auch Tat sich grimmig selbst gescholten,
Bleibt doch das Volk selbstwillig wie zuvor.
Wie hab' ich Paris väterlich gewarnt,
Eh sein Gelüst ein fremdes Weib umgarnt.
Am griechischen Ufer stand er kühnlich da,
Ihm kündet' ich, was ich im Geiste sah:
Die Lüfte qualmend, überströmend Rot,
Gebälke glühend, unten Mord und Tod:
Trojas Gerichtstag, rhythmisch festgebannt,
Jahrtausenden so schrecklich als gekannt.
Des Alten Wort, dem Frechen schien's ein Spiel,
Er folgte seiner Lust, und Ilios fiel –
Ein Riesenleichnam, starr nach langer Qual,
Des Pindus Adlern gar willkommnes Mahl.
Ulyssen auch! sagt' ich ihm nicht voraus
Der Circe Listen, des Zyklopen Graus?
Das Zaudern sein, der Seinen leichten Sinn,
Und was nicht alles! Bracht' ihm das Gewinn?
Bis vielgeschaukelt ihn, doch spät genug,
Der Woge Gunst an gastlich Ufer trug.

Thales

Dem weisen Mann gibt solch Betragen Qual;
Der gute doch versucht es noch einmal.
Ein Quentchen Danks wird, hoch ihn zu vergnügen,

Die Zentner Undanks völlig überwiegen.
Denn nichts Geringes haben wir zu flehn:
Der Knabe da wünscht weislich zu entstehn.

Nereus

Verderbt mir nicht den seltensten Humor!
Ganz andres steht mir heute noch bevor:
Die Töchter hab' ich alle herbeschieden,
Die Grazien des Meeres, die Doriden.
Nicht der Olymp, nicht euer Boden trägt
Ein schön Gebild, das sich so zierlich regt.
Sie werfen sich, anmutigster Gebärde,
Vom Wasserdrachen auf Neptunus' Pferde,
Dem Element aufs zarteste vereint,
Daß selbst der Schaum sie noch zu heben scheint.
Im Farbenspiel von Venus' Muschelwagen
Kommt Galatee, die Schönste, nun getragen,
Die, seit sich Kypris von uns abgekehrt,
In Paphos wird als Göttin selbst verehrt.
Und so besitzt die Holde lange schon,
Als Erbin, Tempelstadt und Wagenthron.
Hinweg! Es ziemt in Vaterfreudenstunde
Nicht Haß dem Herzen, Scheltwort nicht dem Munde.
Hinweg zu Proteus! Fragt den Wundermann:
Wie man entstehn und sich verwandlen kann.

Thales

Wir haben nichts durch siesen Schritt gewonnen,
Trifft man auch Proteus, gleich ist er zerronnen;
Und steht er euch, so sagt er nur zuletzt,
Was staunen macht und in Verwirrung setzt.
Du bist einmal bedürftig solchen Rats,
Versuchen wir's und wandlen unsres Pfads!

Sirenen

Was sehen wir von weiten
Das Wellenreich durchgleiten?
Als wie nach Windes Regel

Anzögen weiße Segel,
So hell sind sie zu schauen,
Verklärte Meeresfrauen.
Laßt uns herunterklimmen,
Vernehmt ihr doch die Stimmen.

Nereiden und Tritonen
Was wir auf Händen tragen,
Soll allen euch behagen.
Chelonens Riesenschilde
Entglänzt ein streng Gebilde:
Sind Götter, die wir bringen;
Müßt hohe Lieder singen.

Sirenen
Klein von Gestalt,
Groß von Gewalt,
Der Scheiternden Retter,
Uralt verehrte Götter.

Nereiden und Tritonen
Wir bringen die Kabiren,
Ein friedlich Fest zu führen;
Denn wo sie heilig walten,
Neptun wird freundlich schalten.

Sirenen
Wir stehen euch nach;
Wenn ein Schiff zerbrach,
Unwiderstehbar an Kraft
Schützt ihr die Mannschaft.

Nereiden und Tritonen
Drei haben wir mitgenommen,
Der vierte wollte nicht kommen;
Er sagte, er sei der Rechte,
Der für sie alle dächte.

Sirenen
Ein Gott den andern Gott

Macht wohl zu Spott.
Ehrt ihr alle Gnaden,
Fürchtet jeden Schaden.

Nereiden und Tritonen
Sind eigentlich ihrer sieben.
Sirenen
Wo sind die drei geblieben?

Nereiden und Tritonen
Wir wüßten's nicht zu sagen,
Sind im Olymp zu erfragen;
Dort west auch wohl der achte,
An den noch niemand dachte!
In Gnaden uns gewärtig,
Doch alle noch nicht fertig.
Diese Unvergleichlichen
Wollen immer weiter,
Sehnsuchtsvolle Hungerleider
Nach dem Unerreichlichen.

Sirenen
Wir sind gewohnt,
Wo es auch thront,
In Sonn' und Mond
Hinzubeten; es lohnt.

Nereiden und Tritonen
Wie unser Ruhm zum höchsten prangt,
Dieses Fest anzuführen!

Sirenen
Die Helden des Altertums
Ermangeln des Ruhms,
Wo und wie er auch prangt,
Wenn sie das goldne Vlies erlangt,
Ihr die Kabiren.
Wenn sie das goldne Vlies erlangt,

Wir die Kabiren. –
Ihr

Homunculus
Die Ungestalten seh' ich an
Als irden-schlechte Töpfe,
Nun stoßen sich die Weisen dran
Und brechen harte Köpfe.

Thales
Das ist es ja, was man begehrt:
Der rost macht erst die Münze wert.

Proteus
So etwas freut mich alten Fabler!
Je wunderlicher, desto respektabler.

Thales
Wo bist du, Proteus? –

Proteus
Hier! und hier!

Thales
Den alten Scherz verzeih' ich dir;
Doch einem Freund nicht eitle Worte!
Ich weiß, du sprichst vom falschen Orte.

Proteus
Leb' wohl! –

Thales
Er ist ganz nah. Nun leuchte frisch!
Er ist neugierig wie ein Fisch;
Und wo er auch gestaltet stockt,
Durch Flammen wird er hergelockt.

Homunculus
Ergieß'ich gleich des Lichtes Menge,
Bescheiden doch, daß ich das Glas nicht sprenge.

Proteus

Was leuchtet so anmutig schön?

Thales

Gut! Wenn du Lust hast, kannst du's näher sehn.
Die kleine Mühe laß dich nicht verdrießen
Und zeige dich auf menschlich beiden Füßen.
Mit unsern Gunsten sei's, mit unserm Willen,
Wer schauen will, was wir verhüllen.

Proteus

Weltweise Kniffe sind dir noch bewußt.

Thales

Gestalt zu wechseln, bleibt noch deine Lust.

Proteus

Ein leuchtend Zwerglein! Niemals noch gesehn!

Thales

Es fragt um Rat und möchte gern entstehn.
Er ist, wie ich von ihm vernommen,
Gar wundersam nur halb zur Welt gekommen.
Ihm fehlt es nicht an geistigen Eigenschaften,
Doch gar zu sehr am greiflich Tüchtighaften.
Bis jetzt gibt ihm das Glas allein Gewicht,
Doch wär' er gern zunächst verkörperlicht.

Proteus

Du bist ein wahrer Jungfernsohn,
Eh' du sein solltest, bist du schon!

Thales

Auch scheint es mir von andrer Seite kritisch:
Er ist, mich dünkt, hermaphroditisch.

Proteus

Da muß es desto eher glücken;
So wie er anlangt, wird sich's schicken.
Doch gilt es hier nicht viel Besinnen:
Im weiten Meere mußt du anbeginnen!

Da fängt man erst im kleinen an
Und freut sich, Kleinste zu verschlingen,
Man wächst so nach und nach heran
Und bildet sich zu höherem Vollbringen.

Homunculus
Hier weht gar eine weiche Luft,
Es grunelt so, und mir behagt der Duft!

Proteus
Das glaub' ich, allerliebster Junge!
Und weiter hin wird's viel behäglicher,
Auf dieser schmalen Strandeszunge
Der Dunstkreis noch unsäglicher;
Da vorne sehen wir den Zug,
Der eben herschwebt, nah genug.
Kommt mit dahin! –

Thales
Ich gehe mit.

Homunculus
Dreifach merkwürd'ger Geisterschritt!

Chor
Wir haben den Dreizack Neptunen geschmiedet,
Womit er die regesten Wellen begütet.
Entfaltet der Donnrer die Wolken, die vollen,
Entgegnet Neptunus dem greulichen Rollen;
Und wie auch von oben es zackig erblitzt,
Wird Woge nach Woge von unten gespritzt;
Und was auch dazwischen in ängsten gerungen,
Wird, lange geschleudert, vom Tiefsten verschlungen;
Weshalb er uns heute den Zepter gereicht –
Nun schweben wir festlich, beruhigt und leicht.

Sirenen
Euch, dem Helios Geweihten,
Heitern Tags Gebenedeiten,

Gruß zur Stunde, die bewegt
Lunas Hochverehrung regt!

Telchinen

Allieblichste Göttin am Bogen da droben!
Du hörst mit Entzücken den Bruder beloben.
Der seligen Rhodus verleihst du ein Ohr,
Dort steigt ihm ein ewiger Päan hervor.
Beginnt er den Tagslauf und ist es getan,
Er blickt uns mit feurigem Strahlenblick an.
Die Berge, die Städte, die Ufer, die Welle
Gefallen dem Gotte, sind lieblich und helle.
Kein Nebel umschwebt uns, und schleicht er sich ein,
Ein Strahl und ein Lüftchen, die Insel ist rein!
Da schaut sich der Hohe in hundert Gebilden,
Als Jüngling, als Riesen, den großen, den milden.
Wir ersten, wir waren's, die Göttergewalt
Aufstellten in würdiger Menschengestalt.

Proteus

Laß du sie singen, laß sie prahlen!
Der Sonne heiligen Lebestrahlen
Sind tote Werke nur ein Spaß.
Das bildet, schmelzend, unverdrossen;
Und haben sie's in Erz gegossen,
Dann denken sie, es wäre was.
Was ist's zuletzt mit diesen Stolzen?
Die Götterbilder standen groß –
Zerstörte sie ein Erdestoß;
Längst sind sie wieder eingeschmolzen.
Das Erdetreiben, wie's auch sei,
Ist immer doch nur Plackerei;
Dem Leben frommt die Welle besser;
Dich trägt ins ewige Gewässer

Proteus-delphin

Schon ist's getan!
Da soll es dir zum schönsten glücken:

Ich nehme dich auf meinen Rücken,
Vermähle dich dem Ozean.

Thales

Gib nach dem löblichen Verlangen,
Von vorn die Schöpfung anzufangen!
Zu raschem Wirken sei bereit!
Da regst du dich nach ewigen Normen,
Durch tausend, abertausend Formen,
Und bis zum Menschen hast du Zeit.

Proteus

Komm geistig mit in feuchte Weite,
Da lebst du gleich in Läng' und Breite,
Beliebig regest du dich hier;
Nur strebe nicht nach höheren Orden:
Denn bist du erst ein Mensch geworden,
Dann ist es völlig aus mit dir.

Thales

Nachdem es kommt; 's ist auch wohl fein,
Ein wackrer Mann zu seiner Zeit zu sein.

Proteus

So einer wohl von deinem Schlag!
Das hält noch eine Weile nach;
Denn unter bleichen Geisterscharen
Seh' ich dich schon seit vielen hundret Jahern.

Sirenen

Welch ein Ring von Wölkchen ründet
Um den Mond so reichen Kreis?
Tauben sind es, liebentzündet,
Fittiche, wie Licht so weiß.
Paphos hat sie hergesendet,
Ihre brünstige Vogelschar;
Unser Fest, es ist vollendet,
Heitre Wonne voll und klar!

Nereus

Nennte wohl ein nächtiger Wanderer
Diesen Mondhof Lufterscheinung;
Doch wir Geister sind ganz anderer
Und der einzig richtigen Meinung:
Tauben sind es, die begleiten
Meiner Tochter Muschelfahrt,
Wunderflugs besondrer Art,
Angelernt vor alten Zeiten.

Thales

Auch ich halte das fürs Beste,
Was dem wackern Mann gefällt,
Wenn im stillen, warmen Neste
Sich ein Heiliges lebend hält.

Psyllen und Marsen

In Cyperns rauhen Höhlegrüften,
Vom Meergott nicht verschüttet,
Vom Seismos nicht zerrüttet,
Umweht von ewigen Lüften,
Und, wie in den ältesten Tagen,
In stillbewußtem Behagen
Bewahren wir Cypriens Wagen
Und führen, beim Säuseln der Nächte,
Durch liebliches Wellengeflechte,
Unsichtbar dem neuen Geschlechte,
Die lieblichste Tochter heran.
Wir leise Geschäftigen scheuen
Weder Adler noch geflügelten Leuen,
Weder Kreuz noch Mond,
Wie es oben wohnt und thront,
Sich wechselnd wegt und regt,
Sich vertreibt und totschlägt,
Saaten und Städte niederlegt.
Wir, so fortan,
Bringen die lieblichste Herrin heran.

Sirenen

Leicht bewegt, in mäßiger Eile,
Um den Wagen, Kreis um Kreis,
Bald verschlungen Zeil' an Zeile,
Schlangenartig reihenweis,
Naht euch, rüstige Nereiden,
Derbe Fraun, gefällig wild,
Bringet, zärtliche Doriden,
Galateen, der Mutter Bild:
Ernst, den Göttern gleich zu schauen,
Würdiger Unsterblichkeit,
Doch wie holde Menschenfrauen
Lockender Anmutigkeit.

Doriden

Leih uns, Luna, Licht und Schatten,
Klarheit diesem Jugendflor!
Denn wir zeigen liebe Gatten
Unserm Vater bittend vor.
Knaben sind's, die wir gerettet
Aus der Brandung grimmem Zahn,
Sie, auf Schilf und Moos gebettet,
Aufgewärmt zum Licht heran,
Die es nun mit heißen Küssen
Treulich uns verdanken müssen;
Schau die Holden günstig an!

Nereus

Hoch ist der Doppelgewinn zu schätzen:
Barmherzig sein, und sich zugleich ergetzen.

Doriden

Lobst du, Vater, unser Walten,
Gönnst uns wohlerworbene Lust,
Laß uns fest, unsterblich halten
Sie an ewiger Jungendbrust.

Nereus

Mögt euch des schönen Fanges freuen,

Den Jüngling bildet euch als Mann;
Allein ich könnte nicht verleihen,
Was Zeus allein gewähren kann.
Die Welle, die euch wogt und schaukelt,
Läßt auch der Liebe nicht Bestand,
Und hat die Neigung ausgegaukelt,
So setzt gemächlich sie ans Land.

Doriden

Ihr, holde Knaben, seid uns wert,
Doch müssen wir traurig scheiden;
Wir haben ewige Treue begehrt,
Die Götter wollen's nicht leiden.

Die Jünglinge

Wenn ihr uns nur so ferner labt,
Uns wackre Schifferknaben;
Wir haben's nie so gut gehabt
Und wollen's nicht besser haben.

Nereus

Du bist es, mein Liebchen! –

Galatee

O Vater! das Glück!
Delphine, verweilet! mich fesselt der Blick.

Nereus

Vorüber schon, sie ziehen vorüber
In kreisenden Schwunges Bewegung;
Was kümmert sie die innre herzliche Regung!
Ach, nähmen sie mich mit hinüber!
Doch ein einziger Blick ergetzt,
Daß er das ganze Jahr ersetzt,

Thales

Heil! Heil! aufs neue!
Wie ich mich blühend freue,
Vom Schönen, Wahren durchdrungen. . .
Alles ist aus dem Wasser entsprungen!!

Alles wird durch das Wasser erhalten!
Ozean, gönn uns dein ewiges Walten.
Wenn du nicht Wolken sendetest,
Nicht reiche Bäche spendetest,
Hin und her nicht Flüsse wendetest,
Die Ströme nicht vollendetest,
Was wären Gebirge, was Ebnen und Welt?
Du bist's der das frischeste Leben erhält.

Echo

Du bist's, dem das frischeste Leben entquellt.

Nereus

Sie kehren schwankend fern zurück,
Bringen nicht mehr Blick zu Blick;
In gedehnten Kettenkreisen,
Sich festgemäß zu erweisen,
Windet sich die unzählige Schar.
Aber Galateas Muschelthron
Seh' ich schon und aber schon.
Er glänzt wie ein stern
Durch die Menge.
Geliebtes leuchtet durchs Gedränge!
Auch noch so fern
Schimmert's hell und klar,
Immer nah und wahr.

Homunculus

In dieser holden Feuchte
Was ich auch hier beleuchte,
Ist alles reizend schön.

Proteus

In dieser Lebensfeuchte
Erglänzt erst deine Leuchte
Mit herrlichem Getön.

Nereus

Welch neues Geheimnis in Mitte der Scharen

Will unseren Augen sich offengebaren?
Was flammt um die Muschel, um Galatees Füße?
Bald lodert es mächtig, bald lieblich, bald süße,
Als wär' es von Pulsen der Liebe gerührt.

Thales

Homunculus ist es, von Proteus verführt. . .
Es sind die Symptome des herrischen Sehnens,
Mir ahnet das ächzen beängsteten Dröhnens;
Er wird sich zerschellen am glänzenden Thron;
Jetzt flammt es, nun blitzt es, ergießet sich schon.

Sirenen

Welch feuriges Wunder verklärt uns die Wellen,
Die gegeneinander sich funkelnd zerschellen?
So leuchtet's und schwanket und hellet hinan:
Die Körper, sie glühen auf nächtlicher Bahn,
Und ringsum ist alles vom Feuer umronnen;
So herrsche denn Eros, der alles begonnen!
Heil dem Meere! Heil den Wogen,
Von dem heilgen Feuer umzogen!
Heil dem Wasser! Heil dem Feuer!
Heil dem seltnen Abenteuer!

All-alle

Heil den mildgewogenen Lüften!
Heil geheimnisreichen Grüften!
Hochgefeiert seid allhier,
Element' ihr alle vier!

3. Akt

Vor dem Palaste des Menelas zu Sparta

Helena

Bewundert viel und viel gescholten, Helena,
Vom Strande komm' ich, wo wir erst gelandet sind,
Noch immer trunken von des Gewoges regsamem
Geschaukel, das vom phrygischen Blachgefild uns her
Auf sträubig-hohem Rücken, durch Poseidons Gunst
Und Euros' Kraft, in vaterländische Buchten trug.
Dort unten freuet nun der König Menelas
Der Rückkehr samt den tapfersten seiner Krieger sich.
Du aber heiße mich willkommen, hohes Haus,
Das Tyndareos, mein Vater, nah dem Hange sich
Von Pallas' Hügel wiederkehrend aufgebaut
Und, als ich hier mit Klytämnestren schwesterlich,
Mit Kastor auch und Pollux fröhlich spielend wuchs,
Vor allen Häusern Spartas herrlich ausgeschmückt.
Gegrüßet seid mir, der ehrnen Pforte Flügel ihr!
Durch euer gastlich ladendes Weit-Eröffnen einst
Geschah's, daß mir, erwählt aus vielen, Menelas
In Bräutigamsgestalt entgegenleuchtete.
Eröffnet mir sie wieder, daß ich ein Eilgebot
Des Königs treu erfülle, wie der Gattin ziemt.
Laßt mich hinein! und alles bleibe hinter mir,
Was mich umstrürmte bis hieher, verhängnisvoll.
Denn seit ich diese Schwelle sorgenlos verließ,
Cytherens Tempel besuchend, heiliger Pflicht gemäß,
Mich aber dort ein Räuber griff, der phrygische,
Ist viel geschehen, was die Menschen weit und breit
So gern erzählen, aber der nicht gerne hört,
Von dem die Sage wachsend sich zum Märchen spann.

Chor

Verschmähe nicht, o herrliche Frau,
Des höchsten Gutes Ehrenbesitz!

Denn das größte Glück ist dir einzig beschert,
Der Schönheit Ruhm, der vor allen sich hebt.
Dem Helden tönt sein Name voran,
Drum schreitet er stolz;
Doch beugt sogleich hartnäckigster Mann
Vor der allbezwingenden Schöne den Sinn.

Helena

Genug! mit meinem Gatten bin ich hergeschifft
Und nun von ihm zu seiner Stadt voraugesandt;
Doch welchen Sinn er hegen mag, errat' ich nicht.
Komm' ich als Gattin? komm' ich eine Königin?
Komm' ich ein Opfer für des Fürsten bittern Schmerz
Und für der Griechen lang' erduldetes Mißgeschick?
Erobert bin ich; ob gefangen, weiß ich nicht!
Denn Ruf und Schicksal bestimmten füwahr die Unsterblichen
Zweideutig mir, der Schöngestalt bedenkliche
Begleiter, die an dieser Schwelle mir sogar
Mit düster drohender Gegenwart zur Seite stehn.
Denn schon im hohlen Schiffe blickte mich der Gemahl
Nur selten an, auch sprach er kein erquicklich Wort.
Als wenn er Unheil sänne, saß er gegen mir.
Nun aber, als des Eurotas tiefem Buchtgestad
Hinangefahren der vordern Schiffe Schnäbel kaum
Das Land begrüßten, sprach er, wie vom Gott bewegt:
„Hier steigen meine Krieger nach der Ordnung aus,
Ich mustere sie, am Strand des Meeres hingereiht;
Du aber ziehe weiter, ziehe des heiligen
Eurotas fruchtbegabtem Ufer immer auf,
Die Rosse lenkend auf der feuchten Wiese Schmuck,
Bis daß zur schönen Ebene du gelangen magst,
Wo Lakedämon, einst ein fruchtbar weites Feld,
Von ernsten Bergen nah umgeben, angebaut.
Betrete dann das hochgetürmte Fürstenhaus
Und mustere mir die Mägde, die ich dort zurück
Gelassen, samt der klugen alten Schaffnerin.
Die zeige dir der Schätze reiche Sammlung vor,

Wie sie dein Vater hinterließ und die ich selbst
In Krieg und Frieden, stets vermehrend, aufgehäuft.
Du findest alles nach der Ordnung stehen; denn
Das ist des Fürsten Vorrecht, daß er alles treu
In seinem Hause, wiederkehrend, finde, noch
An seinem Platze jedes, wie er's dort verließ.
Denn nichts zu ändern hat für sich der Knecht Gewalt."

Chor

Erquicke nun am herrlichen Schatz,
Dem stets vermehrten, Augen und Brust!
Denn der Kette Zier, der Krone Geschmuck,
Da ruhn sie stolz, und sie dünken sich was;
Doch tritt nur ein und fordre sie auf,
Sie rüsten sich schnell.
Mich freuet, zu sehn Schönheit in dem Kampf
Gegen Gold und Perlen und Edelgestein.

Helena

Sodann erfolgte des Herren ferneres Herrscherwort:
„Wenn du nun alles nach der Ordnung durchgesehn,
Dann nimm so manchen Dreifuß, als du nötig glaubst,
Und mancherlei Gefäße, die der Opfer sich
Zur Hand verlangt, vollziehend heiligen Festgebrauch.
Die Kessel, auch die Schalen, wie das flache Rund;
Das reinste Wasser aus der heiligen Quelle sei
In hohen Krügen; ferner auch das trockne Holz,
Der Flammen schnell empfänglich, halte da bereit;
Ein wohlgeschliffnes Messer fehle nicht zuletzt;
Doch alles andre geb' ich deiner Sorge hin."
So sprach er, mich zum Scheiden drängend; aber nichts
Lebendigen Atems zeichnet mir der Ordnende,
Das er, die Olympier zu verehren, schlachten will.
Bedenklich ist es; doch ich sorge weiter nicht,
Und alles bleibe hohen Göttern heimgestellt,
Die das vollenden, was in ihrem Sinn sie deucht,
Es möge gut von Menschen oder möge bös
Geachtet sein; die Sterblichen, wir ertragen das.

Schon manchmal hob das schwere Beil der Opfernde
Zu des erdgebeugten Tieres Nacken weihend auf
Und konnt' es nicht vollbringen, denn ihn hinderte
Des nahen Feindes oder Gottes Zwischenkunft.

Chor

Was geschehen werde, sinnst du nicht aus;
Königin, schreite dahin
Guten Muts!
Gutes und Böses kommt
Unerwartet dem Menschen;
Auch verkündet, glauben wir's nicht.
Brannte doch Troja, sahen wir doch
Tod vor Augen, schmählichen Tod;
Und sind wir nicht hier
Dir gesellt, dienstbar freudig,
Schauen des Himmels blendende Sonne
Und das Schönste der Erde
Huldvoll, dich, uns Glücklichen?

Helena

Sei's wie es sei! Was auch bevorsteht, mir geziemt,
Hinaufzusteigen ungesäumt in das Königshaus,
Das, lang' entbehrt und viel ersehnt und fast verscherzt,
Mir abermals vor Augen steht, ich weiß nicht wie.
Die Füße tragen mich so mutig nicht empor
Die hohen Stufen, die ich kindisch übersprang.

Chor

Werfet, o Schwestern, ihr
Traurig gefangenen,
Alle Schmerzen ins Weite;
Teilet der Herrin Glück,
Teilet Helenens Glück,
Welche zu Vaterhauses Herd,
Zwar mit spät zurückkehrendem,
Aber mit desto festerem
Fuße freudig herannaht.

Preiset die heiligen,
Glücklich herstellenden
Und heimführenden Götter!
Schwebt der Entbundene
Doch wie auf Fittichen
über das Rauhste, wenn umsonst
Der Gefangene sehnsuchtsvoll
über die Zinne des Kerkers hin
Armausbreitend sich abhärmt.
Aber sie ergriff ein Gott,
Die Entfernte;
Und aus Ilios' Schutt
Trug er hierher sie zurück
In das alte, das neugeschmückte
Vaterhaus,
Nach unsäglichen
Freuden und Qualen,
Früher Jugendzeit
Angefrischt zu gedenken.

Panthalis

Verlasset nun des Gesanges freudumgebnen Pfad
Und wendet nach der Türe Flügeln euren Blick!
Was seh' ich, Schwestern? Kehret nicht die Königin
Mit heftigen Schrittes Regung wieder zu uns her?
Was ist es, große Königin, was konnte dir
In deines Hauses Hallen, statt der Deinen Gruß,
Erschütterndes begegnen? Du verbirgst es nicht;
Denn Widerwillen seh' ich an der Stirne dir,
Ein edles Zürnen, das mit überraschung kämpft.
Der Tochter Zeus' geziemet nicht gemeine Furcht,
Und flüchtig-leise Schreckenshand berührt sie nicht;
Doch das Entsetzen, das, dem Schoß der alten Nacht
Von Urbeginn entsteigend, vielgestaltet noch
Wie glühende Wolken aus des Berges Feuerschlund
Herauf sich wälzt, erschüttert auch des Helden Brust.
So haben heute grauenvoll die Stygischen

Ins Haus den Eintritt mir bezeichnet, daß ich gern
Von oft betretner, langersehnter Schwelle mich,
Entlaßnem Gaste gleich, entfernend scheiden mag.
Doch nein! gewichen bin ich her ans Licht, und sollt
Ihr weiter nicht mich treiben, Mächte, wer ihr seid.
Auf Weihe will ich sinnen, dann gereinigt mag
Des Herdes Glut die Frau begrüßen wie den Herrn.

Chorführerin

Entdecke deinen Dienerinnen, edle Frau,
Die dir verehrend beistehn, was begegnet ist.

Helena

Was ich gesehen, sollt ihr selbst mit Augen sehn,
Wenn ihr Gebilde nicht die alte Nacht sogleich
Zurückgeschlungen in ihrer Tiefe Wunderschoß.
Doch daß ihr's wisset, sag' ich's euch mit Worten an:
Als ich des Königshauses ernsten Binnenraum,
Der nächsten Pflicht gedenkend, feierlich betrat,
Erstaunt' ich ob der öden Gänge Schweigsamkeit,
Nicht Schall der emsig Wandelnden begegnete
Dem Ohr, nicht raschgeschäftiges Eiligtun dem Blick,
Und keine Magd erschien mir, keine Schaffnerin,
Die jeden Fremden freundlich sonst begrüßenden.
Als aber ich dem Schoße des Herdes mich genaht,
Da sah ich, bei verglommner Asche lauem Rest,
Am Boden sitzen welch verhülltes großes Weib,
Der Schlafenden nicht vergleichbar, wohl der Sinnenden.
Mit Herrscherworten ruf' ich sie zur Arbeit auf,
Die Schaffnerin mir vermutend, die indes vielleicht
Des Gatten Vorsicht hinterlassend angestellt;
Doch eingefaltet sitzt die Unbewegliche;
Nur endlich rührt sie auf mein Dräun den rechten Arm,
Als wiese sie von Herd und Halle mich hinweg.
Ich wende zürnend mich ab von ihr und eile gleich
Den Stufen zu, worauf empor der Thalamos
Geschmückt sich hebt und nah daran das Schatzgemach;
Allein das Wunder reißt sich schnell vom Boden auf,

Gebietrisch mir den Weg vertretend, zeigt es sich
In hagrer Größe, hohlen, blutig-trüben Blicks,
Seltsamer Bildung, wie sie Aug' und Geist verwirrt.
Doch red' ich in die Lüfte; denn das Wort bemüht
Sich nur umsonst, Gestalten schöpferisch aufzubaun.
Da seht sie selbst! sie wagt sogar sich ans Licht hervor!
Hier sind wir Meister, bis der Herr und König kommt.
Die grausen Nachtgeburten drängt der Schönheitsfreund
Phöbus hinweg in Höhlen, oder bändigt sie.

Chor

Vieles erlebt' ich, obgleich die Locke
Jugendlich wallet mir um die Schläfe!
Schreckliches hab' ich vieles gesehen,
Kriegrischen Jammer, Ilios' Nacht,
Als es fiel.
Durch das umwölkte, staubende Tosen
Drängender Krieger hört' ich die Götter
Fürchterlich rufen, hört' ich der Zwietracht
Eherne Stimme schallen durchs Feld,
Mauerwärts.
Ach! sie standen noch, Ilios'
Mauern, aber die Flammenglut
Zog vom Nachbar zum Nachbar schon,
Sich verbreitend von hier und dort
Mit des eignen Sturmes Wehn
über die nächtliche Stadt hin.
Flüchtend sah ich durch Rauch und Glut
Und der züngelnden Flamme Loh'n
Gräßlich zürnender Götter Nahn,
Schreitend Wundergestalten
Riesengroß, durch düsteren
Feuerumleuchteten Qualm hin.
Sah ich's, oder bildete
Mir der angstumschlungene Geist
Solches Verworrene? sagen kann
Nimmer ich's, doch daß ich dies

Gräßliche hier mit Augen schau',
Solches gewiß ja weiß ich;
Könnt' es mit Händen fassen gar,
Hielte von dem Gefährlichen
Nicht zurücke die Furcht mich.
Welche von Phorkys'
Töchtern nur bist du?
Denn ich vergleiche dich
Diesem Geschlechte.
Bist du vielleicht der graugebornen,
Eines Auges und *eines* Zahns
Wechselsweis teilhaftigen
Graien eine gekommen?
Wagest du Scheusal
Neben der Schönheit
Dich vor dem Kennerblick
Phöbus' zu zeigen?
Tritt du dennoch hervor nur immer;
Denn das Häßliche schaut er nicht,
Wie sein heilig Auge noch
Nie erblickte den Schatten.
Doch uns Sterbliche nötigt, ach,
Leider trauriges Mißgeschick
Zu dem unsäglichen Augenschmerz,
Den das Verwerfliche, Ewig-Unselige
Schönheitliebenden rege macht.
Ja, so höre denn, wenn du frech
Uns entgegenest, höre Fluch,
Höre jeglicher Schelte Drohn
Aus dem verwünschenden Munde der Glücklichen,
Die von Göttern gebildet sind.

Phorkyas

Alt ist das Wort, doch bleibet hoch und wahr der Sinn,
Daß Scham und Schönheit nie zusammen, Hand in Hand,
Den Weg verfolgen über der Erde grünen Pfad.
Tief eingewurzelt wohnt in beiden alter Haß,

Daß, wo sie immer irgend auch des Weges sich
Begegnen, jede der Gernerin den Rücken kehrt.
Dann eilet jede wieder heftiger, weiter fort,
Die Scham betrübt, die Schönheit aber frech gesinnt,
Bis sie zuletzt des Orkus hohle Nacht umfängt,
Wenn nicht das Alter sie vorher gebändigt hat.
Euch find' ich nun, ihr Frechen, aus der Fremde her
Mit übermut ergossen, gleich der Kraniche
Laut-heiser klingendem Zug, der über unser Haupt,
In langer Wolke, krächzend sein Getön herab
Schickt, das den stillen Wandrer über sich hinauf
Zu blicken lockt; doch ziehn sie ihren Weg dahin,
Er geht den seinen; also wird's mit uns geschehn.
Wer seid denn ihr, daß ihr des Königes Hochpalast
Mänadisch wild, Betrunknen gleich, umtoben dürft?
Wer seid ihr denn, daß ihr des Hauses Schaffnerin
Entgegenheulet, wie dem Mond der Hunde Schar?
Wähnt ihr, verborgen sei mir, welch Geschlecht ihr seid,
Du kriegerzeugte, schlachterzogne junge Brut?
Mannlustige du, so wie verführt verführende,
Entnervend beide, Kriegers auch und Bürgers Kraft!
Zu Hauf euch sehend, scheint mir ein Zikadenschwarm
Herabzustürzen, deckend grüne Feldersaat.
Verzehrerinnen fremden Fleißes! Naschende
Vernichterinnen aufgekeimten Wohlstands ihr!
Erobert', marktverkauft', vertauschte Ware du!

Helena

Wer gegenwarts der Frau die Dienerinnen schilt,
Der Gebietrin Hausrecht tastet er vermessen an;
Denn ihr gebührt allein, das Lobenswürdige
Zu rühmen, wie zu strafen, was verwerflich ist.
Auch bin des Dienstes ich wohl zufrieden, den sie mir
Geleistet, als die hohe Kraft von Ilios
Umlagert stand und fiel und lag; nicht weniger,
Als wir der Irrfahrt kummervolle Wechselnot
Ertrugen, wo sonst jeder sich der Nächste bleibt.

Auch hier erwart' ich Gleiches von der muntern Schar;
Nicht, was der Knecht sei, fragt der Herr, nur, wie er dient.
Drum schweige du und grinse sie nicht länger an.
Hast du das Haus des Königs wohl verwahrt bisher
Anstatt der Hausfrau, solches dient zum Ruhme dir;
Doch jetzo kommt sie selber, tritt nun du zurück,
Damit nicht Strafe werde statt verdienten Lohns.

Phorkyas

Den Hausgenossen drohen bleibt ein großes Recht,
Das gottbeglückten Herrschers hohe Gattin sich
Durch langer Jahre weise Leitung wohl verdient.
Da du, nun Anerkannte, neu den alten Platz
Der Königin und Hausfrau wiederum betrittst,
So fasse längst erschlaffte Zügel, herrsche nun,
Nimm in Besitz den Schatz und sämtlich uns dazu.
Vor allem aber schütze mich, die ältere,
Vor dieser Schar, die neben deiner Schönheit Schwan
Nur schlecht befitticht', schnatterhafte Gänse sind.

Chorführerin

Wie häßlich neben Schönheit zeigt sich Häßlichkeit.

Phorkyas

Wie unverständig neben Klugheit Unverstand.

Choretide 1

Von Vater Erebus melde, melde von Mutter Nacht.

Phorkyas

So sprich von Scylla, leiblich dir Geschwisterkind.

Choretide 2

An deinem Stammbaum steigt manch Ungeheur empor.

Phorkyas

Zum Orkus hin! da suche deine Sippschaft auf.

Choretide 3

Die dorten wohnen, sind dir alle viel zu jung.

Phorkyas

Tiresias, den Alten, gehe buhlend an.

Choretide 4

Orions Amme war dir Ur-Urenkelin.

Phorkyas

Harpyen, wähn' ich, fütterten dich im Unflat auf.

Choretide 5

Mit was ernährst du so gepflegte Magerkeit?

Phorkyas

Mit Blute nicht, wonach du allzulüstern bist.

Choretide 6

Begierig du auf Leichen, ekle Leiche selbst!

Phorkyas

Vampyren-Zähne glänzen dir im frechen Maul.

Chorführerin

Das deine stopf' ich, wenn ich sage, wer du seist.

Phorkyas

So nenne dich zuerst; das Rätsel hebt sich auf.

Helena

Nicht zürnend, aber traurend schreit' ich zwischen euch,
Verbietend solchen Wechselstreites Ungestüm!
Denn Schädlicheres begegnet nichts dem Herrscherherrn
Als treuer Diener heimlich unterschworner Zwist.
Das Echo seiner Befehle kehrt alsdann nicht mehr
In schnell vollbrachter Tat wohlstimmig ihm zurück,
Nein, eigenwillig brausend tost es um ihn her,
Den selbstverirrten, ins Vergebne scheltenden.
Dies nicht allein. Ihr habt in sittelosem Zorn
Unsel'ger Bilder Schreckgestalten hergebannt,
Die mich umdrängen, daß ich selbst zum Orkus mich
Gerissen fühle, vaterländ'scher Flur zum Trutz.
Ist's wohl Gedächtnis? war es Wahn, der mich ergreift?
War ich das alles? Bin ich's? Werd' ich's künftig sein,

Das Traum- und Schreckbild jener Städteverwüstenden?
Die Mädchen schaudern, aber du, die älteste,
Du stehst gelassen; rede mir verständig Wort.

Phorkyas

Wer langer Jahre mannigfaltigen Glücks gedenkt,
Ihm scheint zuletzt die höchste Göttergunst ein Traum.
Du aber, hochbegünstigt sonder Maß und Ziel,
In Lebensreihe sahst nur Liebesbrünstige,
Entzündet rasch zum kühnsten Wagstück jeder Art.
Schon Theseus haschte früh dich, gierig aufgeregt,
Wie Herakles stark, ein herrlich schön geformter Mann.

Helena

Entführte mich, ein zehenjährig schlankes Reh,
Und mich umschloß Aphidnus' Burg in Attika.

Phorkyas

Durch Kastor und durch Pollux aber bald befreit,
Umworben standst du ausgesuchter Heldenschar.

Helena

Doch stille Gunst vor allen, wie ich gern gesteh',
Gewann Patroklus, er, des Peliden Ebenbild.

Phorkyas

Doch Vaterwille traute dich an Menelas,
Den kühnen Seedurchstreicher, Hausbewahrer auch.

Helena

Die Tochter gab er, gab des Reichs Bestellung ihm.
Aus ehlichem Beisein sproßte dann Hermione.

Phorkyas

Doch als er fern sich Kretas Erbe kühn erstritt,
Dir Einsamen da erschien ein allzuschöner Gast.

Helena

Warum gedenkst du jener halben Witwenschaft,
Und welch Verderben gräßlich mir daraus erwuchs?

Phorkyas

Auch jene Fahrt, mir freigebornen Kreterin
Gefangenschaft erschuf sie, lange Sklaverei.

Helena

Als Schaffnerin bestellt' er dich sogleich hieher,
Vertrauend vieles, Burg und kühn erworbnen Schatz.

Phorkyas

Die du verließest, Ilios' umtürmter Stadt
Und unerschöpften Liebesfreuden zugewandt.

Helena

Gedenke nicht der Freuden! allzuherben Leids
Unendlichkeit ergoß sich über Brust und Haupt.

Phorkyas

Doch sagt man, du erschienst ein doppelhaft Gebild,
In Ilios gesehen und in ägypten auch.

Helena

Verwirre wüsten Sinnes Aberwitz nicht gar.
Selbst jetzo, welche denn ich sei, ich weiß es nicht.

Phorkyas

Dann sagen sie: aus hohlem Schattenreich herauf
Gesellte sich inbrünstig noch Achill zu dir!
Dich früher liebend gegen allen Geschicks Beschluß.

Helena

Ich als Idol, ihm dem Idol verband ich mich.
Es war ein Traum, so sagen ja die Worte selbst.
Ich schwinde hin und werde selbst mir ein Idol.

Chor

Schweige, schweige!
Mißblickende, Mißredende du!
Aus so gräßlichen einzahnigen
Lippen, was enthaucht wohl
Solchem furchtbaren Greuelschlund!
Denn der Bösartige, wohltätig erscheinend,

Wolfesgrimm unter schafwolligem Vlies,
Mir ist er weit schrecklicher als des drei--
köpfigen/ Hundes Rachen.
ängstlich lauschend stehn wir da:
Wann? wie? wo nur bricht's hervor,
Solcher Tücke
Tiefauflauerndes Ungetüm?
Nun denn, statt freundlich mit Trost reich begabten,
Letheschenkenden, holdmildesten Worts
Regest du auf aller Vergangenheit
Bösestes mehr denn Gutes
Und verdüsterst allzugleich
Mit dem Glanz der Gegenwart
Auch der Zukunft
Mild aufschimmerndes Hoffnungslicht.
Schweige, schweige!
Daß der Königin Seele,
Schon zu entfliehen bereit,
Sich noch halte, festhalte
Die Gestalt aller Gestalten,
Welche die Sonne jemals beschien.

Phorkyas

Tritt hervor aus flüchtigen Wolken, hohe Sonne dieses Tags,
Die verschleiert schon entzückte, blendend nun im Glanze herrscht.
Wie die Welt sich dir entfaltet, schaust du selbst mit holdem Blick.
Schelten sie mich auch für häßlich, kenn' ich doch das Schöne wohl.

Helena

Tret' ich schwankend aus der öde, die im Schwindel mich umgab,
Pflegt' ich gern der Ruhe wieder, denn so müd' ist mein Gebein:
Doch es ziemet Königinnen, allen Menschen ziemt es wohl,
Sich zu fassen, zu ermannen, was auch drohend überrascht.

Phorkyas

Stehst du nun in deiner Großheit, deiner Schöne vor uns da,
Sagt dein Blick, daß du befiehlest; was befiehlst du? sprich es aus.

Helena

Eures Haders frech Versäumnis auszugleichen, seid bereit;
Eilt, ein Opfer zu bestellen, wie der König mir gebot.

Phorkyas

Alles ist bereit im Hause, Schale, Dreifuß, scharfes Beil,
Zum Besprengen, zum Beräuchern; das zu Opfernde zeig' an!

Helena

Nicht bezeichnet' es der König. –

Phorkyas

Sprach's nicht aus? O Jammerwort!

Helena

Welch ein Jammer überfällt dich? –

Phorkyas

Königin, du bist gemeint!

Helena

Ich? –

Phorkyas

Und diese. –

Chor

Weh und Jammer! –

Phorkyas

Fallen wirst du durch das Beil.

Helena

Gräßlich doch geahnt; ich Arme! –

Phorkyas

Unvermeidlich scheint es mir.

Chor

Ach! Und uns? – was wird begegnen?

Phorkyas

Sie stirbt einen edlen Tod;

Doch am hohen Balken drinnen, der des Daches Giebel trägt,
Wie im Vogelfang die Drosseln, zappelt ihr der Reihe nach.

Phorkyas

Gespenster! – Gleich erstarrten Bildern steht ihr da,
Geschreckt, vom Tag zu scheiden, der euch nicht gehört.
Die Menschen, die Gespenster sämtlich gleich wie ihr,
Entsagen auch nicht willig hehrem Sonnenschein;
Doch bittet oder rettet niemand sie vom Schluß;
Sie wissen's alle, wenigen doch gefällt es nur.
Genug, ihr seid verloren! Also frisch ans Werk.
Herbei, du düstres, kugelrundes Ungetüm!
Wälzt euch hieher, zu schaden gibt es hier nach Lust.
Dem Tragaltar, dem goldgehörnten, gebet Platz,
Das Beil, es liege blinkend über dem Silberrand,
Die Wasserkrüge füllet, abzuwaschen gibt's
Des schwarzen Blutes greuelvolle Besudelung.
Den Teppich breitet köstlich hier am Staube hin,
Damit das Opfer niederkniee königlich
Und eingewickelt, zwar getrennten Haupts sogleich,
Anständig würdig aber doch bestattet sei.

Chorführerin

Die Königin stehet sinnend an der Seite hier,
Die Mädchen welken gleich gemähtem Wiesengras;
Mir aber deucht, der ältesten, heiliger Pflicht gemäß,
Mit dir das Wort zu wechseln, Ur-Urälteste.
Du bist erfahren, weise, scheinst uns gut gesinnt,
Obschon verkennend hirnlos diese Schar dich traf.
Drum sage, was du möglich noch von Rettung weißt.

Phorhyas

Ist leicht gesagt: von der Königin hängt allein es ab,
Sich selbst zu erhalten, euch Zugaben auch mit ihr.
Entschlossenheit ist nötig und die behendeste.

Chor

Ehrenwürdigste der Parzen, weiseste Sibylle du,
Halte gesperrt die goldene Schere, dann verkünd' uns Tag und Heil;

Denn wir fühlen schon im Schweben, Schwanken, Bammeln unergetzlich
Unsere Gliederchen, die lieber erst im Tanze sich ergetzten,
Ruhten drauf an Liebchens Brust.

Helena

Laß diese bangen! Schmerz empfind' ich, keine Furcht;
Doch kennst du Rettung, dankbar sei sie anerkannt.
Dem Klungen, Weitumsichtigen zeigt fürwahr sich oft
Unmögliches noch als möglich. Sprich und sag' es an.

Chor

Sprich und sage, sag uns eilig: wie entrinnen wir den grausen,
Garstigen Schlingen, die bedrohlich, als die schlechtesten Geschmeide,
Sich um unsre Hälse ziehen? Vorempfinden wir's, die Armen,
Zum Entatmen, zum Ersticken, wenn du, Rhea, aller Götter
Hohe Mutter, dich nicht erbarmst.

Phorkyas

Habt ihr Geduld, des Vortrags langgedehnten Zug
Still anzuhören? Mancherlei Geschichten sind's.

Chor

Geduld genug! Zuhörend leben wir indes.

Phorkyas

Dem, der zu Hause verharrend edlen Schatz bewahrt
Und hoher Wohnung Mauern auszukitten weiß,
Wie auch das Dach zu sichern vor des Regens Drang,
Dem wird es wohlgehn lange Lebenstage durch;
Wer aber seiner Schwelle heilige Richte leicht
Mit flüchtigen Sohlen überschreitet freventlich,
Der findet wiederkehrend wohl den alten Platz,
Doch umgeändert alles, wo nicht gar zerstört.

Helena

Wozu dergleichen wohlbekannte Sprüche hier?
Du willst erzählen; rege nicht an Verdrießliches.

Phorkyas

Geschichtlich ist es, ist ein Vorwurf keineswegs.
Raubschiffend ruderte Menelas von Bucht zu Bucht,
Gestad' und Inseln, alles streift' er feindlich an,
Mit Beute wiederkehrend, wie sie drinnen starrt.
Vor Ilios verbracht' er langer Jahre zehn;
Zur Heimfahrt aber weiß ich nicht wie viel es war.
Allein wie steht es hier am Platz um Tyndareos'
Erhabnes Haus? wie stehet es mit dem Reich umher?

Helena

Ist dir denn so das Schelten gänzlich einverleibt,
Daß ohne Tadeln du keine Lippe regen kannst?

Phorkyas

So viele Jahre stand verlassen das Talgebrig,
Das hinter Sparta nordwärts in die Höhe steigt,
Taygetos im Rücken, wo als muntrer Bach
Herab Eurotas rollt und dann, durch unser Tal
An Rohren breit hinfließend, eure sChwäne nährt.
Dort hinten still im Gebirgtal hat ein kühn Geschlecht
Sich angesiedelt, dringend aus cimmerischer Nacht,
Und unersteiglich feste Burg sich aufgetürmt,
Von da sie Land und Leute placken, wie's behagt.

Helena

Das konnten sie vollführen? Ganz unmöglich scheint's.

Phorkyas

Sie hatten Zeit, vielleicht an zwanzig Jahre sind's.

Helena

Ist *einer* Herr? sind's Räuber viel, verbündete?

Phorkyas

Nicht Räuber sind es, *einer* aber ist der Herr.
Ich schelt' ihn nicht, und wenn er schon mich heimgesucht.
Wohl konnt' er alles nehmen, doch begnügt' er sich
Mit wenigen Freigeschenken, nannt' er's, nicht Tribut.

Helena

Wie sieht er aus? –

Phorkyas

Nicht übel! mir gefällt er schon.
Es ist ein munterer, kecker, wohlgebildeter,
Wie unter Griechen wenig', ein verständ'ger Mann.
Man schilt das Volk Barbaren, doch ich dächte nicht,
Daß grausam einer wäre, wie vor Ilios
Gar mancher Held sich menschenfresserisch erwies.
Ich acht' auf seine Großheit, ihm vertraut' ich mich.
Und seine Burg! die solltet ihr mit Augen sehn!
Das ist was anderes gegen plumpes Mauerwerk,
Das eure Väter, mir nichts dir nichts, aufgewälzt,
Zyklopisch wie Zyklopen, rohen Stein sogleich
Auf rohe Steine stürzend; dort hingegen, dort
Ist alles senk- und waagerecht und regelhaft.
Von außen schaut sie! himmelan sie strebt empor,
So starr, so wohl in Fugen, spiegelglatt wie Stahl.
Zu klettern hier – ja selbst der Gedanke gleitet ab.
Und innen großer Höfe Raumgelasse, rings
Mit Baulichkeit umgeben, aller Art und Zweck.
Da seht ihr Säulen, Säulchen, Bogen, Bögelchen,
Altane, Galerien, zu schauen aus und ein,
Und Wappen. –

Chor

Was sind Wappen? –

Phorkyas

Ajax führte ja
Geschlungene Schlang' im Schilde, wie ihr selbst gesehn.
Die Sieben dort vor Theben trugen Bildnerein
Ein jeder auf seinem Schilde, reich bedeutungsvoll.
Da sah man Mond und Stern' am nächtigen Himmelsraum,
Auch Göttin, Held und Leiter, Schwerter, Fackeln auch,
Und was Bedrängliches guten Städten grimmig droht.
Ein solch Gebilde führt auch unsre Heldenschar

Von seinen Ur-Urahnen her in Farbenglanz.
Da seht ihr Löwen, Adler, Klau' und Schnabel auch,
Dann Büffelhörner, Flügel, Rosen, Pfauenschweif,
Auch Streifen, gold und schwarz und silbern, blau und rot.
Dergleichen hängt in Sälen Reih' an Reihe fort.
In Sälen, grenzenlosen, wie die Welt so weit;
Da könnt ihr tanzen! –

Chor

Sage, gibt's auch Tänzer da?

Phorkyas

Die besten! goldgelockte, frische Bubenschar.
Die duften Jugend! Paris duftete einzig so,
Als er der Königin zu nahe kam. –

Helena

Du fällst
Ganz aus der Rolle; sage mir das letzte Wort!

Phorkyas

Du sprichst das letzte, sagst mit Ernst vernehmlich Ja!
Sogleich umgeb' ich dich mit jener Burg. –

Chor

O sprich
Das kurze Wort und rette dich und uns zugleich!

Helena

Wie? sollt' ich fürchten, daß der König Menelas
So grausam sich verginge, mich zu schädigen?

Phorkyas

Hast du vergessen, wie er deinen Deiphobus,
Des totgekämpften = paris Bruder, unerhört
Verstümmelte, der starrsinnig Witwe dich erstritt
Und glücklich kebste? Nas' und Ohren schnitt er ab
Und stümmelte mehr so: Greuel war es anzuschaun.

Helena

Das tat er jenem, meinetwegen tat er das.

Phorkyas

Um jenes willen wird er dir das gleiche tun.
Unteilbar ist die Schönheit; der sie ganz besaß,
Zerstört sie lieber, fluchend jedem Teilbesitz.
Wie scharf der Trompete Schmettern Ohr und Eingeweid'
Zerreißend anfaßt, also krallt sich Eifersucht
Im Busen fest des Mannes, der das nie vergißt,
Was einst er besaß und nun verlor, nicht mehr besitzt.

Chor

Hörst du nicht die Hörner schallen? siehst der Waffen Blitze nicht?

Phorkyas

Sei willkommen, Herr und König, gerne geb' ich Rechenschaft.

Chor

Aber wir? –

Phorkyas

Ihr wißt es deutlich, seht vor Augen ihren Tod,
Merkt den eurigen da drinne: nein, zu helfen ist euch nicht.

Helena

Ich sann mir aus das Nächste, was ich wagen darf.
Ein Widerdämon bist du, das empfind' ich wohl
Und fürchte, Gutes wendest du zum Bösen um.
Vor allem aber folgen will ich dir zur Burg;
Das andre weiß ich; was die Königin dabei
Im tiefen Busen geheimnisvoll verbergen mag,
Sei jedem unzugänglich. Alte, geh voran!

Chor

O wie gern gehen wir hin,
Eilenden Fußes;
Hinter uns Tod,
Vor uns abermals
Ragender Feste
Unzugängliche Mauer.
Schütze sie ebenso gut,
Eben wie Ilios' Burg,

Die doch endlich nur
Niederträchtiger List erlag.
Wie? aber wie?
Schwestern, schaut euch um!
Was es nicht heiterer Tag?
Nebel schwanken streifig empor
Aus Eurotas' heil'ger Flut;
Schon entschwand das liebliche
Schilfumkränzte Gestade dem Blick;
Auch die frei, zierlich-stolz
Sanfthingleitenden Schwäne
In gesell'ger Schwimmlust
Seh' ich, ach, nicht mehr!
Doch, aber doch
Tönen hör' ich sie,
Tönen fern heiseren Ton!
Tod verkündenden, sagen sie.
Ach daß uns er nur nicht auch,
Statt verheißener Rettung Heil,
Untergang verkünde zuletzt;
Uns, den Schwangleichen, Lang--
Schön-Weißhalsigen,/ und ach!
Unsrer Schwanerzeugten.
Weh uns, weh, weh!
Alles deckte sich schon
Rings mit Nebel umher.
Sehen wir doch einander nicht!
Was geschieht? gehen wir?
Schweben wir nur
Trippelnden Schrittes am Boden hin?
Siehst du nichts? Schwebt nicht etwa gar
Hermes voran? Blinkt nicht der goldne Stab
Heischend, gebietend uns wieder zurück
Zu dem unerfreulichen, grautagenden,
Ungreifbarer Gebilde vollen,
überfüllten, ewig leeren Hades?
Ja auf einmal wird es düster, ohne Glanz entschwebt der Nebel

Dunkelgräulich, mauerbräunlich. Mauern stellen sich dem Blicke,
Freiem Blicke starr entgegen. Ist's ein Hof? ist's tiefe Grube?
Schauerlich in jedem Falle! Schwestern, ach! wir sind gefangen,
So gefangen wie nur je.

Innerer Burghof

Chorführerin

Vorschnell und töricht, echt wahrhaftes Weibsgebild!
Vom Augenblick abhängig, Spiel der Witterung,
Des Glücks und Unglücks! Keins von beiden wißt ihr je
Zu bestehn mit Gleichmut. Eine widerspricht ja stets
Der andern heftig, überquer die andern ihr;
In Freud' und Schmerz nur heult und lacht ihr gleichen Tons.
Nun schweigt! und wartet horchend, was die Herrscherin
Hochsinnig hier beschließen mag für sich und uns.

Helena

Wo bist du, Pythonissa? heiße, wie du magst;
Aus diesen Gewölben tritt hervor der düstern Burg.
Gingst etwa du, dem wunderbaren Heldenherrn
Mich anzukündigen, Wohlempfang bereitend mir,
So habe Dank und führe schnell mich ein zu ihm;
Beschluß der Irrfahrt wünsch' ich. Ruhe wünsch' ich nur.

Chorführerin

Vergebens blickst du, Königin, allseits um dich her;
Verschwunden ist das leidige Bild, verblieb vielleicht
Im Nebel dort, aus dessen Busen wir hieher,
Ich weiß nicht wie, gekommen, schnell und sonder Schritt.
Vielleicht auch irrt sie zweifelhaft im Labyrinth
Der wundersam aus vielen einsgewordnen Burg,
Den Herrn erfragend fürstlicher Hochbegrüßung halb.
Doch sieh, dort oben regt in Menge sich allbereits,
In Galerien, am Fenster, in Portalen rasch
Sich hin und her bewegend, viele Dienerschaft;
Vornehm-willkommnen Gastempfang verkündet es.

Chor

Aufgeht mir das Herz! o, seht nur dahin,
Wie so sittig herab mit verweilendem Tritt
Jungholdeste Schar anständig bewegt
Den geregelten Zug. Wie! auf wessen Befehl
Nur erscheinen, gereiht und gebildet so früh,
Von Jünglingsknaben das herrliche Volk?
Was bewundr' ich zumeist? Ist es zierlicher Gang,
Etwa des Haupts Lockhaar um die blendende Stirn,
Etwa der Wänglein Paar, wie die Pfirsiche rot
Und eben auch so weichwollig beflaumt?
Gern biss' ich hinein, doch ich schaudre davor;
Denn in ähnlichem Fall, da erfüllte der Mund
Sich, gräßlich zu sagen! mit Asche.
Aber die schönsten,
Sie kommen daher;
Was tragen sie nur?
Stufen zum Thron,
Teppich und Sitz,
Umhang und zelt--
Artigen/ Schmuck;
über überwallt er,
Wolkenkränze bildend,
Unsrer Königin Haupt;
Denn schon bestieg sie
Eingeladen herrlichen Pfühl.
Tretet heran,
Stufe für Stufe
Reihet euch ernst.
Würdig, o würdig, dreifach würdig
Sei gesegnet ein solcher Empfang!

Chorführerin

Wenn diesem nicht die Götter, wie sie öfter tun,
Für wenige Zeit nur wundernswürdige Gestalt,
Erhabnen Anstand, liebenswerte Gegenwart
Vorübergänglich liehen, wird ihm jedesmal,

Was er beginnt, gelingen, sei's in Männerschlacht,
So auch im kleinen Kriege mit den schönsten Fraun.
Er ist fürwahr gar vielen andern vorzuziehn,
Die ich doch auch als hochgeschätzt mit Augen sah.
Mit langsam-ernstem, ehrfurchtsvoll gehaltnem Schritt
Seh' ich den Fürsten; wende dich, o Königin!

Faust

Statt feierlichsten Grußes, wie sich ziemte,
Statt ehrfurchtsvollem Willkomm bring' ich dir
In Ketten hart geschlossen solchen Knecht,
Der, Pflicht verfehlend, mir die Pflicht entwand.
Hier kniee nieder, dieser höchsten Frau
Bekenntnis abzulegen deiner Schuld.
Dies ist, erhabne Herrscherin, der Mann,
Mit seltnem Augenblitz vom hohen Turm
Umherzuschaun bestellt, dort Himmelsraum
Und Erdenbreite scharf zu überspähn,
Was etwa da und dort sich melden mag,
Vom Hügelkreis ins Tal zur festen Burg
Sich regen mag, der Herden Woge sei's,
Ein Heereszug vielleicht; wir schützen jene,
Begegnen diesem. Heute, welch Versäumnis!
Du kommst heran, er meldet's nicht; verfehlt
Ist ehrenvoller, schuldigster Empfang
So hohen Gastes. Freventlich verwirkt
Das Leben hat er, läge schon im Blut
Verdienten Todes; doch nur du allein
Bestrafst, begnadigst, wie dir's wohlgefällt.

Helena

So hohe Würde, wie du sie vergönnst,
Als Richterin, als Herrscherin, und wär's
Versuchend nur, wie ich vermuten darf –
So üb' nun des Richters erste Pflicht,
Beschuldigte zu hören. Rede denn.

Turmwärter Lynkeus

Laß mich knieen, laß mich schauen,
Laß mich sterben, laß mich leben,
Denn schon bin ich hingegeben
Dieser gottgegebnen Frauen.
Harrend auf des Morgens Wonne,
östlich spähend ihren Lauf,
Ging auf einmal mir die Sonne
Wunderbar im Süden auf.
Zog den Blick nach jener Seite,
Statt der Schluchten, statt der Höhn,
Statt der Erd- und Himmelsweite
Sie, die Einzige, zu spähn.
Augenstrahl ist mir verliehen
Wie dem Luchs auf höchstem Baum;
Doch nun mußt' ich mich bemühen
Wie aus tiefem, düsterm Traum.
Wüßt' ich irgend mich zu finden?
Zinne? Turm? geschloßnes Tor?
Nebel schwanken, Nebel schwinden,
Solche Göttin tritt hervor!
Aug' und Brust ihr zugewendet,
Sog ich an den milden Glanz;
Diese Schönheit, wie sie blendet,
Blendete mich Armen ganz.
Ich vergaß des Wächters Pflichten,
Völlig das beschworne Horn;
Drohe nur, mich zu vernichten –
Schönheit bändigt allen Zorn.

Helena

Das übel, das ich brachte, darf ich nicht
Bestrafen. Wehe mir! Welch streng Geschick
Verfolgt mich, überall der Männer Busen
So zu betören, daß sie weder sich
Noch sonst ein Würdiges verschonten. Raubend jetzt,
Verführend, fechtend, hin und her entrückend,

Halbgötter, Helden, Götter, ja Dämonen,
Sie führten mich im Irren her und hin.
Einfach die Welt verwirrt' ich, dopplet mehr;
Nun dreifach, vierfach bring' ich Not auf Not.
Entferne diesen Guten, laß ihn frei;
Den Gottbetörten treffe keine Schmach.

Faust

Erstaunt, o Königin, seh' ich zugleich
Die sicher Treffende, hier den Getroffnen;
Ich seh' den Bogen, der den Pfeil entsandt,
Verwundet jenen. Pfeile folgen Pfeilen,
Mich treffend. Allwärts ahn' ich überquer
Gefiedert schwirrend sie in Burg und Raum.
Was bin ich nun? Auf einmal machst du mir
Rebellisch die Getreusten, meine Mauern
Unsicher. Also fürcht' ich schon, mein Heer
Gehorcht der siegend unbesiegten Frau.
Was bleibt mir übrig, als mich selbst und alles,
Im Wahn des Meine, dir anheimzugeben?
Zu deinen Füßen laß mich, frei und treu,
Dich Herrin anerkennen, die sogleich
Auftretend sich Besitz und Thron erwarb.

Lynkeus

Du siehst mich, Königin, zurück!
Der Reiche bettelt einen Blick,
Er sieht dich an und fühlt sogleich
Sich bettelarm und fürstenreich.
Was war ich erst? was bin ich nun?
Was ist zu wollen? was zu tun?
Was hilft der Augen schärfster Blitz!
Er prallt zurück an deinem Sitz.
Von Osten kamen wir heran,
Und um den Westen war's getan;
Ein lang und breites Volksgewicht,
Der erste wußte vom letzten nicht.
Der erste fiel, der zweite stand,

Des dritten Lanze war zur Hand;
Ein jeder hundertfach gestärkt,
Erschlagne Tausend unbemerkt.
Wir drängten fort, wir stürmten fort,
Wir waren Herrn von Ort zu Ort;
Und wo ich herrisch heut befahl,
Ein andrer morgen raubt' und stahl.
Wir schauten – elig war die Schau;
Der griff die allerschönste Frau,
Der griff den Stier von festem Tritt,
Die Pferde mußten alle mit.
Ich aber liebte, zu erspähn
Das Seltenste, was man gesehn;
Und was ein andrer auch besaß,
Das war für mich gedörrtes Gras.
Den Schätzen war ich auf der Spur,
Den scharfen Blicken folgt' ich nur,
In alle Taschen blickt' ich ein,
Durchsichtig war mir jeder Schrein.
Und Haufen Goldes waren mein,
Am herrlichsten der Edelstein:
Nun der Smaragd allein verdient,
Daß er an deinem Herzen grünt.
Nun schwanke zwischen Ohr und Mund
Das Tropfenei aus Meeresgrund;
Rubinen werden gar verscheucht,
Das Wangenrot sie niederbleicht.
Und so den allergrößten Schatz
Versetz' ich hier auf deinen Platz;
Zu deinen Füßen sei gebracht
Die Ernte mancher blut'gen Schlacht.
So viele Kisten schlepp' ich her,
Der Eisenkisten hab' ich mehr;
Erlaube mich auf deiner Bahn,
Und Schatzgewölbe füll' ich an.
Denn du bestiegest kaum den Thron,
So neigen schon, so beugen schon

Verstand und Reichtum und Gewalt
Sich vor der einzigen Gestalt.
Das alles hielt ich fest und mein,
Nun aber, lose, wird es dein.
Ich glaubt' es würdig, hoch und bar,
Nun seh' ich, daß es nichtig war.
Verschwunden ist, was ich besaß,
Ein abgemähtes, welkes Gras.
O gib mit einem heitern Blick
Ihm seinen ganzen Wert zurück!

Faust

Entferne schnell die kühn erworbne Last,
Zwar nicht getadelt, aber unbelohnt.
Schon ist *Ihr* alles eigen, was die Burg
Im Schoß verbirgt; Besondres *Ihr* zu bieten,
Ist unnütz. Geh und häufe Schatz auf Schatz
Geordnet an. Der ungesehnen Pracht
Erhabnes Bild stell' auf! Laß die Gewölbe
Wie frische Himmel blinken, Paradiese
Von lebelosem Leben richte zu.
Voreilend ihren Tritten laß beblümt
An Teppich Teppiche sich wälzen; ihrem Tritt
Begegne sanfter Boden; ihrem Blick,
Nur Göttliche nicht blendend, höchster Glanz.

Lynkeus

Schwach ist, was der Herr befiehlt,
Tut's der Diener, es ist gespielt:
Herrscht doch über Gut und Blut
Dieser Schönheit übermut.
Schon das ganze Heer ist zahm,
Alle Schwerter stumpf und lahm,
Vor der herrlichen Gestalt
Selbst die Sonne matt und kalt,
Vor dem Reichtum des Gesichts
Alles leer und alles nichts.

Helena

Ich wünsche dich zu sprechen, doch herauf
An meine Seite komm! Der leere Platz
Beruft den Herrn und sichert mir den meinen.

Faust

Erst knieend laß die treue Widmung dir
Gefallen, hohe Frau; die Hand, die mich
An deine Seite hebt, laß mich sie küssen.
Bestärke mich als Mitregenten deines
Grenzunbewußten Reichs, gewinne dir
Verehrer, Diener, Wächter all' in einem!

Helena

Vielfache Wunder seh' ich, hör' ich an,
Erstaunen trifft mich, fragen möcht' ich viel.
Doch wünscht' ich Unterricht, warum die Rede
Des Manns mir seltsam klang, seltsam und freundlich.
Ein Ton scheint sich dem andern zu bequemen,
Und hat ein Wort zum Ohre sich gesellt,
Ein andres kommt, dem ersten liebzukosen.

Faust

Gefällt dir schon die Sprechart unsrer Völker,
O so gewiß entzückt auch der Gesang,
Befriedigt Ohr und Sinn im tiefsten Grunde.
Doch ist am sichersten, wir üben's gleich;
Die Wechselrede lockt es, ruft's hervor.

Helena

So sage denn, wie sprech' ich auch so schön?

Faust

Das ist gar leicht, es muß von Herzen gehn.
Und wenn die Brust von Sehnsucht überfließt,
Man sieht sich um und fragt – –

Helena

Wer mitgenießt.

Faust

Nun schaut der Geist nicht vorwärts, nicht zurück,
Die Gegenwart allein – –

Helena

ist unser Glück.

Faust

Schatz ist sie, Hochgewinn, Besitz und Pfand;
Bestätigung, wer gibt sie? –

Helena

Meine Hand.

Chor

Wer verdächt' es unsrer Fürstin,
Gönnet sie dem Herrn der Burg
Freundliches Erzeigen?
Denn gesteht, sämtliche sind wir
Ja Gefangene, wie schon öfter
Seit dem schmählichen Untergang
Ilios' und der ängstlich--
labyrinthischen/ Kummerfahrt.
Fraun, gewöhnt an Männerliebe,
Wählerinnen sind sie nicht,
Aber Kennerinnen.
Und wie goldlockigen Hirten
Vielleicht schwarzborstigen Faunen,
Wie es bringt die Gelegenheit,
über die schwellenden Glieder
Vollerteilen sie gleiches Recht.
Nah und näher sitzen sie schon
An einander gelehnet,
Schulter an Schulter, Knie an Knie,
Hand in Hand wiegen sie sich
über des Throns
Aufgepolsterter Herrlichkeit.
Nicht versagt sich die Majestät
Heimlicher Freuden

Vor den Augen des Volkes
übermütiges Offenbarsein.

Helena

Ich fühle mich so fern und doch so nah,
Und sage nur zu gern: Da bin ich! da!

Faust

Ich atme kaum, mir zittert, stockt das Wort;
Es ist ein Traum, verschwunden Tag und Ort.

Helena

Ich scheine mir verlebt und doch so neu,
In dich verwebt, dem Unbekannten treu.

Faust

Durchgrüble nicht das einzigste Geschick!
Dasein ist Pflicht, und wär's ein Augenblick.

Phorkyas

Buchstabiert in Liebesfibeln,
Tändelnd grübelt nur am Liebeln,
Müßig liebelt fort im Grübeln,
Doch dazu ist keine Zeit.
Fühlt ihr nicht ein dumpfes Wettern?
Hört nur die Trompete schmettern,
Das Verderben ist nicht weit.
Menelas mit Volkeswogen
Kommt auf euch herangezogen;
Rüstet euch zu herbem Streit!
Von der Siegerschar umwimmelt,
Wie Deiphobus verstümmelt,
Büßest du das Fraungeleit.
Bammelt erst die leichte Ware,
Dieser gleich ist am Altare
Neugeschliffnes Beil bereit.

Faust

Verwegne Störung! widerwärtig dringt sie ein;
Auch nicht in Gefahren mag ich sinnlos Ungestüm.

Den schönsten Boten, Unglücksbotschaft häßlicht ihn;
Du Häßlichste gar, nur schlimme Botschaft bringst du gern.
Doch diesmal soll dir's nicht geraten: leeren Hauchs
Erschüttere du die Lüfte. Hier ist nicht Gefahr,
Und selbst Gefahr erschiene nur als eitles Dräun.

Faust

Nein, gleich sollst du versammelt schauen
Der Helden ungetrennten Kreis:
Nur der verdient die Gunst der Frauen,
Der kräftigst sie zu schützen weiß.
Mit angehaltnem stillen Wüten,
Das euch gewiß den Sieg verschafft,
Ihr, Nordens jugendliche Blüten,
Ihr, Ostens blumenreiche Kraft.
In Stahl gehüllt, vom Strahl umwittert,
Die Schar, die Reich um Reich zerbrach,
Sie treten auf, die Erde schüttert,
Sie schreiten fort, es donnert nach.
An Pylos traten wir zu Lande,
Der alte Nestor ist nicht mehr,
Und alle kleinen Königsbande
Zersprengt das ungebundne Heer.
Drängt ungesäumt von diesen Mauern
Jetzt Menelas dem Meer zurück;
Dort irren mag er, rauben, lauern,
Ihm war es Neigung und Geschick.
Herzoge soll ich euch begrüßen,
Gebietet Spartas Königin;
Nun legt ihr Berg und Tal zu Füßen,
Und euer sei des Reichs Gewinn.
Germane du! Korinthus' Buchten
Verteidige mit Wall und Schutz!
Achaia dann mit hundert Schluchten
Empfehl' ich, Gote, deinem Trutz.
Nach Elis ziehn der Franken Heere,
Messene sei der Sachsen Los,

Normanne reinige die Meere
Und Argolis erschaff' er groß.
Dann wird ein jeder häuslich wohnen,
Nach außen richten Kraft und Blitz;
Doch Sparta soll euch überthronen,
Der Königin verjährter Sitz.
All-einzeln sieht sie euch genießen
Des Landes, dem kein Wohl gebricht;
Ihr sucht getrost zu ihren Füßen
Bestätigung und Recht und Licht.

Chor

Wer die Schönste für sich begehrt,
Tüchtig vor allen Dingen
Seh' er nach Waffen weise sich um;
Schmeichelnd wohl gewann er sich,
Was auf Erden das Höchste;
Aber ruhig besitzt er's nicht:
Schleicher listig entschmeicheln sie ihm,
Räuber kühnlich entreißen sie ihm;
Dieses zu hinderen, sei er bedacht.
Unsern Fürsten lob' ich drum,
Schätz' ihn höher vor andern,
Wie er so tapfer klug sich verband,
Daß die Starken gehorchend stehn,
Jedes Winkes gewärtig.
Seinen Befehl vollziehn sie treu,
Jeder sich selbst zu eignem Nutz
Wie dem Herrscher zu lohnendem Dank,
Beiden zu höchlichem Ruhmesgewinn.
Denn wer entreißet sie jetzt
Dem gewalt'gen Besitzer?
Ihm gehört sie, ihm sei sie gegönnt,
Doppelt von uns gegönnt, die er
Samt ihr zugleich innen mit sicherster Mauer,
Außen mit mächtigstem Heer umgab.

Faust

Die Gaben, diesen hier verliehen –
An jeglichen ein reiches Land –,
Sind groß und herrlich; laß sie ziehen!
Wir halten in der Mitte stand.
Und sie beschützen um die Wette,
Ringsum von Wellen angehüpft,
Nichtinsel dich, mit leichter Hügelkette
Europens letztem Bergast angeknüpft.
Das Land, vor aller Länder Sonnen,
Sei ewig jedem Stamm beglückt,
Nun meiner Königin gewonnen,
Das früh an ihr hinaufgeblickt,
Als mit Eurotas' Schilfgeflüster
Sie leuchtend aus der Schale brach,
Der hohen Mutter, dem Geschwister
Das Licht der Augen überstach.
Dies Land, allein zu dir gekehret,
Entbietet seinen höchsten Flor;
Dem Erdkreis, der dir angehöret,
Dein Vaterland, o zieh es vor!
Und duldet auch auf seiner Berge Rücken
Das Zackenhaupt der Sonne kalten Pfeil,
Läßt nun der Fels sich angegrünt erblicken,
Die Ziege nimmt genäschig kargen Teil.
Die Quelle springt, vereinigt stürzen Bäche,
Und schon sind Schluchten, Hänge, Matten grün.
Auf hundert Hügeln unterbrochner Fläche
Siehst Wollenherden ausgebreitet ziehn.
Verteilt, vorsichtig abgemessen schreitet
Gehörntes Rind hinan zum jähen Rand;
Doch Obdach ist den sämtlichen bereitet,
Zu hundert Höhlen wölbt sich Felsenwand.
Pan schützt sie dort, und Lebensnymphen wohnen
In buschiger Klüfte feucht erfrischtem Raum,
Und sehnsuchtsvoll nach höhern Regionen
Erhebt sich zweighaft Baum gedrängt an Baum.

Alt-Wälder sind's! Die Eiche starret mächtig,
Und eigensinnig zackt sich Ast an Ast;
Der Ahorn mild, von süßem Safte trächtig,
Steigt rein empor und spielt mit seiner Last.
Und mütterlich im stillen Schattenkreise
Quillt laue Milch bereit für Kind und Lamm;
Obst ist nicht weit, der Ebnen reife Speise,
Und Honig trieft vom ausgehöhlten Stamm.
Hier ist das Wohlbehagen erblich,
Die Wange heitert wie der Mund,
Ein jeder ist an seinem Platz unsterblich:
Sie sind zufrieden und gesund.
Und so entwickelt sich am reinen Tage
Zu Vaterkraft das holde Kind.
Wir staunen drob; noch immer bleibt die Frage:
Ob's Götter, ob es Menschen sind?
So war Apoll den Hirten zugestaltet,
Daß ihm der schönsten einer glich;
Denn wo Natur im reinen Kreise waltet,
Ergreifen alle Welten sich.
So ist es mir, so ist es dir gelungen;
Vergangeheit sei hinter uns getan!
O fühle dich vom höchsten Gott entsprungen,
Der ersten Welt gehörst du einzig an.
Nicht feste Burg soll dich umschreiben!
Noch zirkt in ewiger Jugendkraft
Für uns, zu wonnevollem Bleiben,
Arkadien in Spartas Nachbarschaft.
Gelockt, auf sel'gem Grund zu wohnen,
Du flüchtetest ins heiterste Geschick!
Zur Laube wandeln sich die Thronen,
Arkadisch frei sei unser Glück!

Schattiger Hain

Phorkyas

Wie lange Zeit die Mädchen schlafen, weiß ich nicht;
Ob sie sich träumen ließen, was ich hell und klar
Vor Augen sah, ist ebenfalls mir unbekannt.
Drum weck' ich sie. Erstaunen soll das junge Volk;
Ihr Bärtigen auch, die ihr da drunten sitzend harrt,
Glaubhafter Wunder Lösung endlich anzuschaun.
Hervor! hervor! Und schüttelt eure Locken rasch!
Schlaf aus den Augen! Blinzt nicht so und hört mich an!

Chor

Rede nur, erzähl', erzähle, was sich Wunderlichs begeben!
Hören möchten wir am liebsten, was wir gar nicht glauben können;
Denn wir haben Langeweile, diese Felsen anzusehn.

Phorkyas

Kaum die Augen ausgerieben, Kinder, langeweilt ihr schon?
So vernehmt: in diesen Höhlen, diesen Grotten, diesen Lauben
Schutz und Schirmung war verliehen, wie idyllischem Liebespaare,
Unserm Herrn und unsrer Frauen. –

Chor

Wie, da drinnen? –

Phorkyas

Abgesondert
Von der Welt, nur mich, die eine, riefen sie zu stillem Dienste.
Hochgeehrt stand ich zur Seite, doch, wie es Vertrauten ziemet,
Schaut' ich um nach etwas andrem. Wendete mich hier- und dorthin,
Suchte Wurzeln, Moos und Rinden, kundig aller Wirksamkeiten,
Und so blieben sie allein.

Chor

Tust du doch, als ob da drinnen ganze Weltenräume wären,
Wald und Wiese, Bäche, Seen; welche Märchen spinnst du ab!

Phorkyas

Allerdings, ihr Unerfahrnen! das sind unerforschte Tiefen:
Saal an Sälen, Hof an Höfen, diese spürt' ich sinnend aus.
Doch auf einmal ein Gelächter echot in den Höhlenräumen;
Schau' ich hin, da springt ein Knabe von der Frauen Schoß zum Manne,
Von dem Vater zu der Mutter; das Gekose, das Getändel,
Töriger Liebe Neckereien, Scherzgeschrei und Lustgejauchze
Wechselnd übertäuben mich.
Nackt, ein Genius ohne Flügel, faunenartig ohne Tierheit,
Springt er auf den festen Boden; doch der Boden gegenwirkend
Schnellt ihn zu der luft'gen Höhe, und im zweiten, dritten Sprunge
Rührt er an das Hochgewölb.
ängstlich ruft die Mutter: Springe wiederholt und nach Belieben,
Aber hüte dich, zu fliegen, freier Flug ist dir versagt.
Und so mahnt der treue Vater: In der Erde liegt die Schnellkraft,
Die dich aufwärts treibt; berühre mit der Zehe nur den Boden,
Wie der Erdensohn Antäus bist du alsobald gestärkt.
Und so hüpft er auf die Masse dieses Felsens, von der Kante
Zu dem andern und umher, so wie ein Ball geschlagen springt.
Doch auf einmal in der Spalte rauher Schlucht ist er verschwunden,
Und nun scheint er uns verloren. Mutter jammert, Vater tröstet,
Achselzuckend steh' ich ängstlich. Doch nun wieder welch Erscheinen!
Liegen Schätze dort verborgen? Blumenstreifige Gewande
Hat er würdig angetan.
Quasten schwanken von den Armen, Binden flattern um den Busen,
In der Hand die goldne Leier, völlig wie ein kleiner Phöbus,
Tritt er wohlgemut zur Kante, zu dem überhang; wir staunen.
Und die Eltern vor Entzücken werfen wechselnd sich ans Herz.
Denn wie leuchtet's ihm zu Haupten? Was erglänzt, ist schwer zu sagen,
Ist es Goldschmuck, ist es Flamme übermächtiger Geisteskraft?
Und so regt er sich gebärdend, sich als Knabe schon verkündend
Künftigen Meister alles Schönen, dem die ewigen Melodien
Durch die Glieder sich bewegen; und so werdet ihr ihn hören,
Und so werdet ihr ihn sehn zu einzigster Bewunderung.

Chor

Nennst du ein Wunder dies,
Kretas Erzeugte?
Dichtend belehrendem Wort
Hast du gelauscht wohl nimmer?
Niemals noch gehört Ioniens,
Nie vernommen auch Hellas'
Urväterlicher Sagen
Göttlich-heldenhaften Reichtum?
Alles, was je geschieht
Heutigen Tages,
Trauriger Nachklang ist's
Herrlicher Ahnherrntage;
Nicht vergleicht sich dein Erzählen
Dem, was liebliche Lüge,
Glaubhaftiger als Wahrheit,
Von dem Sohne sang der Maja.
Diesen zierlich und kräftig doch
Kaum geborenen Säugling
Faltet in reinster Windeln Flaum,
Strenget in köstlicher Wickeln Schmuck
Klatschender Wärterinnen Schar
Unvernünftigen Wähnens.
Kräftig und zierlich aber zieht
Schon der Schalk die geschmeidigen
Doch elastischen Glieder
Listig heraus, die purpurne,
ängstlich drückende Schale
Lassend ruhig an seiner Statt;
Gleich dem fertigen Schmetterling,
Der aus starrem Puppenzwang
Flügel entfaltend behendig schlüpft,
Sonnedurchstrahlten äther kühn
Und mutwillig durchflatternd.
So auch er, der Behendeste,
Daß er Dieben und Schälken,
Vorteilsuchenden allen auch

Ewig günstiger Dämon sei,
Dies betätigt er alsobald
Durch gewandteste Künste.
Schnell des Meeres Beherrscher stiehlt
Er den Trident, ja dem Ares selbst
Schlau das Schwert aus der Scheide;
Bogen und Pfeil dem Phöbus auch,
Wie dem Hephästos die Zange;
Selber Zeus', des Vaters, Blitz
Nähm' er, schreckt' ihn das Feuer nicht;
Doch dem Eros siegt er ob
In beinstellendem Ringerspiel;
Raubt auch Cyprien, wie sie ihm kost,
Noch vom Busen den Gürtel.

Phorkyas

Höret allerliebste Klänge,
Macht euch schnell von Fabeln frei!
Eurer Götter alt Gemenge,
Laßt es hin, es ist vorbei.
Niemand will euch mehr verstehen,
Fordern wir doch höhern Zoll:
Denn es muß von Herzen gehen,
Was auf Herzen wirken soll.

Chor

Bist du, fürchterliches Wesen,
Diesem Schmeichelton geneigt,
Fühlen wir, als frisch genesen,
Uns zur Tränenlust erweicht.
Laß der Sonne Glanz verschwinden,
Wenn es in der Seele tagt,
Wir im eignen Herzen finden,
Was die ganze Welt versagt.

Euphorion

Hört ihr Kindeslieder singen,
Gleich ist's euer eigner Scherz;

Seht ihr mich im Takte springen,
Hüpft euch elterlich das Herz.

Helena

Liebe, menschlich zu beglücken,
Nähert sie ein edles Zwei,
Doch zu göttlichem Entzücken
Bildet sie ein köstlich Drei.

Faust

Alles ist sodann gefunden:
Ich bin dein, und du bist mein;
Und so stehen wir verbunden,
Dürft' es doch nicht anders sein!

Chor

Wohlgefallen vieler Jahre
In des Knaben mildem Schein
Sammelt sich auf diesem Paare.
O, wie rührt mich der Verein!

Euphorion

Nun laßt mich hüpfen,
Nun laßt mich springen!
Zu allen Lüften
Hinaufzudringen,
Ist mir Begierde,
Sie faßt mich schon.

Faust

Nur mäßig! mäßig!
Nicht ins Verwegne,
Daß Sturz und Unfall
Dir nicht begegne,
Zugrund uns richte
Der teure Sohn!

Euphorion

Ich will nicht länger
Am Boden stocken;

Laßt meine Hände,
Laßt meine Locken,
Laßt meine Kleider!
Sie sind ja mein.

Helena

O denk! o denke,
Wem du gehörest!
Wie es uns kränke,
Wie du zerstörest
Das schön errungene
Mein, Dein und Sein.

Chor

Bald löst, ich fürchte,
Sich der Verein!

Helena und Faust

Bändige! bändige
Eltern zuliebe
überlebendige,
Heftige Triebe!
Ländlich im stillen
Ziere den Plan.

Euphorion

Nur euch zu Willen
Halt' ich mich an.
Leichter umschweb' ich hie
Muntres Geschlecht.
Ist nun die Melodie,
Ist die Bewegung recht?

Helena

Ja, das ist wohlgetan;
Führe die Schönen an
Künstlichem Reihn.

Faust

Wäre das doch vorbei!

Mich kann die Gaukelei
Gar nicht erfreun.

Chor

Wenn du der Arme Paar
Lieblich bewegest,
Im Glanz dein lockig Haar
Schüttelnd erregest,
Wenn dir der Fuß so leicht
über die Erde schleicht,
Dort und da wieder hin
Glieder um Glied sich ziehn,
Hast du dein Ziel erreicht,
Liebliches Kind;
All' unsre Herzen sind
All' dir geneigt.

Euphorion

Ihr seid so viele
Leichtfüßige Rehe;
Zu neuem Spiele
Frisch aus der Nähe!
Ich bin der Jäger,
ihr seid das Wild.

Chor

Willst du uns fangen,
Sei nicht behende,
Denn wir verlangen
Doch nur am Ende,
Dich zu umarmen,
Du schönes Bild!

Euphorion

Nur durch die Haine!
Zu Stock und Steine!
Das leicht Errungene,
Das widert mir,

Nur das Erzwungene
Ergetzt mich schier.

Helena und Faust

Welch ein Mutwill'! welch ein Rasen!
Keine Mäßigung ist zu hoffen.
Klingt es doch wie Hörnerblasen
über Tal und Wälder dröhnend;
Welch ein Unfug! welch Geschrei!

Chor

Uns ist er vorbeigelaufen;
Mit Verachtung uns verhöhnend,
schleppt er von dem ganzen Haufen
Nun die Wildeste herbei.

Euphorion

Schlepp' ich her die derbe Kleine
Zu erzwungenem Genusse;
Mir zur Wonne, mir zur Lust
Drück' ich widerspenstige Brust,
Küss' ich widerwärtigen Mund,
Tue Kraft und Willen kund.

Mädchen

Laß mich los! In dieser Hülle
Ist auch Geistes Mut und Kraft;
Deinem gleich ist unser Wille
Nicht so leicht hinweggerafft.
Glaubst du wohl mich im Gedränge?
Deinem Arm vertraust du viel!
Halte fest, und ich versenge
Dich, den Toren, mir zum Spiel.
Folge mir in leichte Lüfte,
Folge mir in starre Grüfte,
Hasche das verschwundne Ziel!

Euphorion

Felsengedränge hier

Zwischen dem Waldgebüsch,
Was soll die Enge mir,
Bin ich doch jung und frisch.
Winde, sie sausen ja,
Wellen, sie brausen da;
Hör' ich doch beides fern,
Nah wär' ich gern.

Helena, Faust und Chor

Wolltest du den Gemsen gleichen?
Vor dem Falle muß uns graun.

Euphorion

Immer höher muß ich steigen,
Immer weiter muß ich schaun.
Weiß ich nun, wo ich bin!
Mitten der Insel drin,
Mitten in Pelops' Land,
Erde- wie seeverwandt.

Chor

Magst nicht in Berg und Wald
Friedlich verweilen?
Suchen wir alsobald
Reben in Zeilen,
Reben am Hügelrand,
Feigen und Apfelgold.
Ach in dem holden Land
Bleibe du hold!

Euphorion

Träumt ihr den Friedenstag?
Träume, wer träumen mag.
Krieg! ist das Losungswort.
Sieg! und so klingt es fort.

Chor

Wer im Frieden
Wünschet sich Krieg zurück,

Der ist geschieden
Vom Hoffnungsglück.

Euphorion

Welche dies Land gebar
Aus Gefahr in Gefahr,
Frei, unbegrenzten Muts,
Verschwendrisch eignen Bluts,
Den nicht zu dämpfenden
Heiligen Sinn –
Alle den Kämpfenden
Bring' es Gewinn!

Chor

Seht hinauf, wie hoch gestiegen!
Und er scheint uns doch nicht klein:
Wie im Harnisch, wie zum Siegen,
Wie von Erz und Stahl der Schein.

Euphorion

Keine Wälle, keine Mauern,
Jeder nur sich selbst bewußt;
Feste Burg, um auszudauern,
Ist des Mannes ehrne Brust.
Wollt ihr unerobert wohnen,
Leicht bewaffnet rasch ins Feld;
Frauen werden Amazonen
Und ein jedes Kind ein Held.

Chor

Heilige Poesie,
Himmelan steige sie!
Glänze, der schönste Stern,
Fern und so weiter fern!
Und sie erreicht uns doch
Immer, man hört sie noch,
Vernimmt sie gern.

Euphorion

Nein, nicht ein Kind bin ich erschienen,
In Waffen kommt der Jüngling an;
Gesellt zu Starken, Freien, Kühnen,
Hat er im Geiste schon getan.
Nun fort!
Nun dort
Eröffnet sich zum Ruhm die Bahn.

Helena und Faust

Kaum ins Leben eingerufen,
Heitrem Tag gegeben kaum,
Sehnest du von Schwindelstufen
Dich zu schmerzenvollem Raum.
Sind denn wir
Gar nichts dir?
Ist der holde Bund ein Traum?

Euphorion

Und hört ihr donnern auf dem Meere?
Dort widerdonnern Tal um Tal,
In Staub und Wellen, Heer dem Heere,
In Drang um Drang, zu Schmerz und Qual.
Und der Tod
Ist Gebot,
Das versteht sich nun einmal.

Helena, Faust und Chor

Welch Entsetzen! welches Grauen!
Ist der Tod denn dir Gebot?

Euphorion

Sollt' ich aus der Ferne schauen?
Nein! ich teile Sorg' und Not.

Die Vorigen

übermut und Gefahr,
Tödliches Los!

Euphorion

Doch! – und ein Flügelpaar
Faltet sich los!
Dorthin! Ich muß! ich muß!
Gönnt mir den Flug!

Chor

Ikarus! Ikarus!
Jammer genug.

Helena und Faust

Der Freude folgt sogleich
Grimmige Pein.

Euphorions Stimme

Laß mich im düstern Reich,
Mutter, mich nicht allein!

Chor

Nicht allein! – wo du auch weilest,
Denn wir glauben dich zu kennen;
Ach! wenn du dem Tag enteilest,
Wird kein Herz von dir sich trennen.
Wüßten wir doch kaum zu klagen,
Neidend singen wir dein Los:
Dir in klar- und trüben Tagen
Lied und Mut war schön und groß.
Ach! zum Erdenglück geboren,
Hoher Ahnen, großer Kraft,
Leider früh dir selbst verloren,
Jugendblüte weggerafft!
Scharfer Blick, die Welt zu schauen,
Mitsinn jedem Herzensdrang,
Liebesglut der besten Frauen
Und ein eigenster Gesang.
Doch du ranntest unaufhaltsam
Frei ins willenlose Netz,
So entzweitest du gewaltsam
dich mit Sitte, mit Gesetz;

Doch zuletzt das höchste Sinnen
Gab dem reinen Mut Gewicht,
Wolltest Herrliches gewinnen,
Aber es gelang dir nicht.
Wem gelingt es? – Trübe Frage,
Der das Schicksal sich vermummt,
Wenn am unglückseligsten Tage
Blutend alles Volk verstummt.
Doch erfrischet neue Lieder,
Steht nicht länger tief gebeugt:
Denn der Boden zeugt sie wieder,
Wie von je er sie gezeugt.

Helena

Ein altes Wort bewährt sich leider auch an mir:
Daß Glück und Schönheit dauerhaft sich nicht vereint.
Zerrissen ist des Lebens wie der Liebe Band;
Bejammernd beide, sag' ich schmerzlich Lebewohl
Und werfe mich noch einmal in die Arme dir.
Persephoneia, nimm den Knaben auf und mich!

Phorkyas

Halte fest, was dir von allem übrigblieb.
Das Kleid, laß es nicht los. Da zupfen schon
Dämonen an den Zipfeln, möchten gern
Zur Unterwelt es reißen. Halte fest!
Die Göttin ist's nicht mehr, die du verlorst,
Doch göttlich ist's. Bediene dich der hohen,
Unschätzbaren Gunst und hebe dich empor:
Es trägt dich über alles Gemeine rasch
Am äther hin, so lange du dauern kannst.
Wir sehn uns wieder, weit, gar weit von hier.

Phorkyas

Noch immer glücklich aufgefunden!
Die Flamme freilich ist verschwunden,
Doch ist mir um die Welt nicht leid.
Hier bleibt genug, Poeten einzuweihen,

Zu stiften Gild- und Handwerksneid;
Und kann ich die Talente nicht verleihen,
Verborg' ich wenigstens das Kleid.

Panthalis

Nun eilig, Mädchen! Sind wir doch den Zauber los,
Der alt-thessalischen Vettel wüsten Geisteszwang,
So des Geklimpers vielverworrner Töne Rausch,
Das Ohr verwirrend, schlimmer noch den innern Sinn.
Hinab zum Hades! Eilte doch die Königin
Mit ernstem Gang hinunter. Ihrer Sohle sei
Unmittelbar getreuer Mägde Schritt gefügt.
Wir finden sie am Throne der Unerforschlichen.

Chor

Königinnen freilich, überall sind sie gern;
Auch im Hades stehen sie obenan,
Stolz zu ihresgleichen gesellt,
Mit Persephonen innigst vertraut;
Aber wir im Hintergrunde
Tiefer Asphodelos-Wiesen,
Langgestreckten Pappeln,
Unfruchtbaren Weiden zugesellt,
Welchen Zeitvertreib haben wir?
Fledermausgleich zu piepsen,
Geflüster, unerfreulich, gespenstig.

Panthalis

Wer keinen Namen sich erwarb noch Edles will,
Gehört den Elementen an; so fahret hin!
Mit meiner Königin zu sein, verlangt mich heiß;
Nicht nur Verdienst, auch Treue wahrt uns die Person.

Alle

Zurückgegeben sind wir dem Tageslicht,
Zwar Personen nicht mehr,
Das fühlen, das wissen wir,
Aber zum Hades kehren wir nimmer.
Ewig lebendige Natur

Macht auf uns Geister,
Wir auf sie vollgültigen Anspruch.

Ein Teil des Chores

Wir in dieser tausend äste Flüsterzittern, Säuselschweben
Reizen tändelnd, locken leise wurzelauf des Lebens Quellen
Nach den Zweigen; bald mit Blättern, bald mit Blüten überschwenglich
Zieren wir die Flatterhaare frei zu luftigem Gedeihn.
Fällt die Frucht, sogleich versammeln lebenslustig Volk und Herden
Sich zum Greifen, sich zum Naschen, eilig kommend, emsig drängend;
Und wie vor den ersten Göttern bückt sich alles um uns her.

Ein andrer Teil

Wir, an dieser Felsenwände weithinleuchtend glatten Spiegel
Schmiegen wir, in sanften Wellen uns bewegend, schmeichelnd an;
Horchen, lauschen jedem Laute, Vogelsängen, Röhrigflöten,
Sei es Pans furchtbarer Stimme, Antwort ist sogleich bereit;
Säuselt's, säuseln wir erwidernd, donnert's, rollen unsre Donner
In erschütterndem Verdoppeln, dreifach, zehnfach hintennach.

Ein dritter Teil

Schwestern! Wir, bewegtern Sinnes, eilen mit den Bächen weiter;
Denn es reizen jener Ferne reichgeschmückte Hügelzüge.
Immer abwärts, immer tiefer wässern wir, mäandrisch wallend,
Jetzt die Wiese, dann die Matten, gleich den Garten um das Haus.
Dort bezeichnen's der Zypressen schlanke Wipfel, über Landschaft,
Uferzug und Wellenspiegel nach dem äther steigende.

Ein vierter Teil

Wallt ihr andern, wo's beliebet; wir umzingeln, wir umrauschen
Den durchaus bepflanzten Hügel, wo am Stab die Rebe grünt;
Dort zu aller Tage Stunden läßt die Leidenschaft des Winzers
Uns des liebevollsten Fleißes zweifelhaft Gelingen sehn.
Bald mit Hacke, bald mit Spaten, bald mit Häufeln, Schneiden, Binden
Betet er zu allen Göttern, fördersamst zum Sonnengott.
Bacchus kümmert sich, der Weichling, wenig um den treuen Diener,

Ruht in Lauben, lehnt in Höhlen, faselnd mit dem jüngsten Faun.
Was zu seiner Träumereien halbem Rausch er je bedurfte,
Immer bleibt es ihm in Schläuchen, ihm in Krügen und Gefäßen,
Rechts und links der kühlen Grüfte, ewige Zeiten aufbewahrt.
Haben aber alle Götter, hat nun Helios vor allen,
Lüftend, feuchtend, wärmend, glutend, Beeren-Füllhorn aufgehäuft,
Wo der stille Winzer wirkte, dort auf einmal wird's lebendig,
Und es rauscht in jedem Laube, raschelt um von Stock zu Stock.
Körbe knarren, Eimer klappern, Tragebutten ächzen hin,
Alles nach der großen Kufe zu der Keltrer kräft'gem Tanz;
Und so wird die heilige Fülle reingeborner saftiger Beeren
Frech zertreten, schäumend, sprühend mischt sich's, widerlich zerquetscht.
Und nun gellt ins Ohr der Zimbeln mit der Becken Erzgetöne,
Denn es hat sich Dionysos aus Mysterien enthüllt;
Kommt hervor mit Ziegenfüßlern, schwenkend Ziegenfüßlerinnen,
Und dazwischen schreit unbändig grell Silenus' öhrig Tier.
Nichts geschont! Gespaltne Klauen treten alle Sitte nieder,
Alle Sinne wirbeln taumlich, gräßlich übertäubt das Ohr.
Nach der Schale tappen Trunkne, überfüllt sind Kopf und Wänste,
Sorglich ist noch ein und andrer, doch vermehrt er die Tumulte,
Denn um neuen Most zu bergen, leert man rasch den alten Schlauch!

4. Akt

Hochgebirg

Faust

Der Einsamkeiten tiefste schauend unter meinem Fuß,
Betret' ich wohlbedächtig dieser Gipfel Saum,
Entlassend meiner Wolke Tragewerk, die mich sanft
An klaren Tagen über Land und Meer geführt.
Sie löst sich langsam, nicht zerstiebend, von mir ab.
Nach Osten strebt die Masse mit geballtem Zug,

Ihr strebt das Auge staunend in Bewundrung nach.
Sie teilt sich wandelnd, wogenhaft, veränderlich.
Doch will sich's modeln. – Ja! das Auge trügt mich nicht! –
Auf sonnbeglänzten Pfühlen herrlich hingestreckt,
Zwar riesenhaft, ein göttergleiches Fraungebild,
Ich seh's! Junonen ähnlich, Leda'n, Helenen,
Wie majestätisch lieblich mir's im Auge schwankt.
Ach! schon verrückt sich's! Formlos breit und aufgetürmt
Ruht es in Osten, fernen Eisgebirgen gleich,
Und spiegelt blendend flücht'ger Tage großen Sinn.
Doch mir umschwebt ein zarter lichter Nebelstreif
Noch Brust und Stirn, erheiternd, kühl und schmeichelhaft.
Nun steigt es leicht und zaudernd hoch und höher auf,
Fügt sich zusammen. – Täuscht mich ein entzückend Bild,
Als jugenderstes, längstentbehrtes höchstes Gut?
Des tiefsten Herzens frühste Schätze quellen auf:
Aurorens Liebe, leichten Schwung bezeichnet's mir,
Den schnellempfundnen, ersten, kaum verstandnen Blick,
Der, festgehalten, überglänzte jeden Schatz.
Wie Seelenschönheit steigert sich die holde Form,
Löst sich nicht auf, erhebt sich in den äther hin
Und zieht das Beste meines Innern mit sich fort.

Mephistopheles

Das heiß' ich endlich vorgeschritten!
Nun aber sag, was fällt dir ein?
Steigst ab in solcher Greuel Mitten,
Im gräßlich gähnenden Gestein?
Ich kenn' es wohl, doch nicht an dieser Stelle,
Denn eigentlich war das der Grund der Hölle.

Faust

Es fehlt dir nie an närrischen Legenden;
Fängst wieder an, dergleichen auszuspenden.

Mephistopheles

Als Gott der Herr – ich weiß auch wohl, warum –
Uns aus der Luft in tiefste Tiefen bannte,

Da, wo zentralisch glühend, um und um,
Ein ewig Feuer flammend sich durchbrannte,
Wir fanden uns bei allzugroßer Hellung
In sehr gedrängter, unbequemer Stellung.
Die Teufel fingen sämtlich an zu husten,
Von oben und von unten auszupusten;
Die Hölle schwoll von Schwefelstank und -säure,
Das gab ein Gas! Das ging ins Ungeheure,
So daß gar bald der Länder flache Kruste,
So dick sie war, zerkrachend bersten mußte.
Nun haben wir's an einem andern Zipfel,
Was ehmals Grund war, ist nun Gipfel.
Sie gründen auch hierauf die rechten Lehren,
Das Unterste ins Oberste zu kehren.
Denn wir entrannen knechtisch-heißer Gruft
Ins übermaß der Herrschaft freier Luft.
Ein offenbar Geheimnis, wohl verwahrt,
Und wird nur spät den Völkern offenbart.((ephes. 6,12))

Faust

Gebirgesmasse bleibt mir edel-stumm,
Ich frage nicht woher und nicht warum.
Als die Natur sich in sich selbst gegründet,
Da hat sie rein den Erdball abgeründet,
Der Gipfel sich, der Schluchten sich erfreut
Und Fels an Fels und Berg an Berg gereiht,
Die Hügel dann bequem hinabgebildet,
Mit sanftem Zug sie in das Tal gemildet.
Da grünt's und wächst's, und um sich zu erfreuen,
Bedarf sie nicht der tollen Strudeleien.

Mephistopheles

Das sprecht Ihr so! Das scheint Euch sonnenklar;
Doch weiß es anders, der zugegen war.
Ich war dabei, als noch da drunten siedend
Der Abgrund schwoll und strömend Flammen trug;
Als Molochs Hammer, Fels an Felsen schmiedend,
Gebirgestrümmer in die Ferne schlug.

Noch starrt das Land von fremden Zentnermassen;
Wer gibt Erklärung solcher Schleudermacht?
Der Philosoph, er weiß es nicht zu fassen,
Da liegt der Fels, man muß ihn liegen lassen,
Zuschanden haben wir uns schon gedacht. –
Das treu-gemeine Volk allein begreift
Und läßt sich im Begriff nicht stören;
Ihm ist die Weisheit längst gereift:
Ein Wunder ist's, der Satan kommt zu Ehren.
Mein Wandrer hinkt an seiner Glaubenskrücke
Zum Teufelsstein, zur Teufelsbrücke.

Faust
Es ist doch auch bemerkenswert zu achten,
Zu sehn, wie Teufel die Natur betrachten.

Mephistopheles
Was geht mich's an! Natur sei, wie sie sei!
's ist Ehrenpunkt: der Teufel war dabei!
Wir sind die Leute, Großes zu erreichen;
Tumult, Gewalt und Unsinn! sieh das Zeichen! –
Doch, daß ich endlich ganz verständlich spreche,
Gefiel dir nichts an unsrer Oberfläche?
Du übersahst, in ungemeßnen Weiten,
Die Reiche der Welt und ihre Herrlichkeiten. ((matth. 4))
Doch, ungenügsam, wie du bist,
Empfandest du wohl kein Gelüst?

Faust
Und doch! ein Großes zog mich an.
Errate! –

Mephistopheles
Das ist bald getan.
Ich suchte mir so eine Hauptstadt aus,
Im Kerne Bürger-Nahrungs-Graus,
Krummenge Gäßchen, spitze Giebeln,
Beschränkten Markt, Kohl, Rüben, Zwiebeln;
Fleischbänke, wo die Schmeißen hausen,

Die fetten Braten anzuschmausen;
Da findest du zu jeder Zeit
Gewiß Gestank und Tätigkeit.
Dann weite Plätze, breite Straßen,
Vornehmen Schein sich anzumaßen;
Und endlich, wo kein Tor beschränkt,
Vorstädte grenzenlos verlängt.
Da freut' ich mich an Rollekutschen,
Am lärmigen Hin- und Widerrutschen,
Am ewigen Hin- und Widerlaufen
Zerstreuter Ameis-Wimmelhaufen.
Und wenn ich führe, wenn ich ritte,
Erschien' ich immer ihre Mitte,
Von Hunderttausenden verehrt.

Faust

Das kann mich nicht zufriedenstellen.
Man freut sich, daß das Volk sich mehrt,
Nach seiner Art behaglich nährt,
Sogar sich bildet, sich belehrt –
Und man erzieht sich nur Rebellen.

Mephistopheles

Dann baut' ich, grandios, mir selbst bewußt,
Am lustigen Ort ein Schloß zur Lust.
Wald, Hügel, Flächen, Wiesen, Feld
Zum Garten prächtig umbestellt.
Vor grünen Wänden Sammetmatten,
Schnurwege, kunstgerechte Schatten,
Kaskadensturz, durch Fels zu Fels gepaart,
Und Wasserstrahlen aller Art;
Ehrwürdig steigt es dort, doch an den Seiten
Da zischt's und pißt's in tausend Kleinigkeiten.
Dann aber ließ ich allerschönsten Frauen
Vertraut-bequeme Häuslein bauen;
Verbrächte da grenzenlose Zeit
In allerliebst-geselliger Einsamkeit.

Ich sage Fraun; denn ein für allemal
Denk' ich die Schönen im Plural.

Faust
Schlecht und modern! Sardanapal!

Mephistopheles
Errät man wohl, wornach du strebtest?
Es war gewiß erhaben kühn.
Der du dem Mond um so viel näher schwebtest,
Dich zog wohl deine Sucht dahin?

Faust
Mit nichten! dieser Erdenkreis
Gewährt noch Raum zu großen Taten.
Erstaunenswürdiges soll geraten,
Ich fühle Kraft zu kühnem Fleiß.

Mephistopheles
Und also willst du Ruhm verdienen?
Man merkt's, du kommst von Heroinen.

Faust
Herrschaft gewinn' ich, Eigentum!
Die Tat ist alles, nichts der Ruhm.

Mephistopheles
Doch werden sich Poeten finden,
Der Nachwelt deinen Glanz zu künden,
Durch Torheit Torheit zu entzünden.

Faust
Von allem ist dir nichts gewährt.
Was weißt du, was der Mensch begehrt?
Dein widrig Wesen, bitter, scharf,
Was weiß es, was der Mensch bedarf?

Mephistopheles
Geschehe denn nach deinem Willen!
Vertraue mir den Umfang deiner Grillen.

Faust

Mein Auge war aufs hohe Meer gezogen;
Es schwoll empor, sich in sich selbst zu türmen,
Dann ließ es nach und schüttete die Wogen,
Des flachen Ufers Breite zu bestürmen.
Und das verdroß mich; wie der übermut
Den freien Geist, der alle Rechte schätzt,
Durch leidenschaftlich aufgeregtes Blut
Ins Mißbehagen des Gefühls versetzt.
Ich hielt's für Zufall, schärfte meinen Blick:
Die Woge stand und rollte dann zurück,
Entfernte sich vom stolz erreichten Ziel;
Die Stunde kommt, sie wiederholt das Spiel.

Mephistopheles

Da ist für mich nichts Neues zu erfahren,
Das kenn' ich schon seit hunderttausend Jahren.

Faust

Sie schleicht heran, an abertausend Enden,
Unfruchtbar selbst, Unfruchtbarkeit zu spenden;
Nun schwillt's und wächst und rollt und überzieht
Der wüsten Strecke widerlich Gebiet.
Da herrschet Well' auf Welle kraftbegeistet,
Zieht sich zurück, und es ist nichts geleistet,
Was zur Verzweiflung mich beängstigen könnte!
Zwecklose Kraft unbändiger Elemente!
Da wagt mein Geist, sich selbst zu überfliegen;
Hier möcht' ich kämpfen, dies möcht' ich besiegen.
Und es ist möglich! – Flutend wie sie sei,
An jedem Hügel schmiegt sie sich vorbei;
Sie mag sich noch so übermütig regen,
Geringe Höhe ragt ihr stolz entgegen,
Geringe Tiefe zieht sie mächtig an.
Da faßt' ich schnell im Geiste Plan auf Plan:
Erlange dir das köstliche Genießen,
Das herrische Meer vom Ufer auszuschließen,
Der feuchten Breite Grenzen zu verengen

Und, weit hinein, sie in sich selbst zu drängen.
Von Schritt zu Schritt wußt' ich mir's zu erörtern;
Das ist mein Wunsch, den wage zu befördern!

Mephistopheles
Wie leicht ist das! Hörst du die Trommeln fern?

Faust
Schon wieder Krieg! der Kluge hört's nicht gern.

Mephistopheles
Krieg oder Frieden. Klug ist das Bemühen,
Zu seinem Vorteil etwas auszuziehen.
Man paßt, man merkt auf jedes günstige Nu.
Gelegenheit ist da, nun, Fauste, greife zu!

Faust
Mit solchem Rätselkram verschone mich!
Und kurz und gut, was soll's? Erkläre dich.

Mephistopheles
Auf meinem Zuge blieb mir nicht verborgen:
Der gute Kaiser schwebt in großen Sorgen.
Du kennst ihn ja. Als wir ihn unterhielten,
Ihm falschen Reichtum in die Hände spielten,
Da war die ganze Welt ihm feil.
Denn jung ward ihm der Thron zuteil,
Und ihm beliebt' es, falsch zu schließen,
Es könne wohl zusammengehn
Und sei recht wünschenswert und schön:
Regieren und zugleich genießen.

Faust
Ein großer Irrtum. Wer befehlen soll,
Muß im Befehlen Seligkeit empfinden.
Ihm ist die Brust von hohem Willen voll,
Doch was er will, es darf's kein Mensch ergründen.
Was er den Treusten in das Ohr geraunt,
Es ist getan, und alle Welt erstaunt.

So wird er stets der Allerhöchste sein,
Der Würdigste – ; Genießen macht gemein.

Mephistopheles

So ist er nicht. Er selbst genoß, und wie!
Indes zerfiel das Reich in Anarchie,
Wo groß und klein sich kreuz und quer befehdeten
Und Brüder sich vertrieben, töteten,
Burg gegen Burg, Stadt gegen Stadt,
Zunft gegen Adel Fehde hat,
Der Bischof mit Kapitel und Gemeinde;
Was sich nur ansah, waren Feinde.
In Kirchen Mord und Totschlag, vor den Toren
Ist jeder Kauf- und Wandersmann verloren.
Und allen wuchs die Kühnheit nicht gering;
Denn leben hieß sich wehren. – Nun, das ging.

Faust

Es ging – es hinkte, fiel, stand wieder auf,
Dann überschlug sich's, rollte plump zuhauf.

Mephistopheles

Und solchen Zustand durfte niemand schelten,
Ein jeder konnte, jeder wollte gelten.
Der Kleinste selbst, er galt für voll.
Doch war's zuletzt den Besten allzutoll.
Die Tüchtigen, sie standen auf mit Kraft
Und sagten: Herr ist, der uns Ruhe schafft.
Der Kaiser kann's nicht, will's nicht – laßt uns wählen,
Den neuen Kaiser neu das Reich beseelen,
Indem er jeden sicher stellt,
In einer frisch geschaffnen Welt
Fried' und Gerechtigkeit vermählen.

Faust

Das klingt sehr pfäffisch. –

Mephistopheles

Pfaffen waren's auch,

Sie sicherten den wohlgenährten Bauch.
Sie waren mehr als andere beteiligt.
Der Aufruhr schwoll, der Aufruhr ward geheiligt;
Und unser Kaiser, den wir froh gemacht,
Zieht sich hieher, vielleicht zur letzten Schlacht.

Faust
Er jammert mich; er war so gut und offen.

Mephistopheles
Komm, sehn wir zu! der Lebende soll hoffen.
Befrein wir ihn aus diesem engen Tale!
Einmal gerettet, ist's für tausend Male.
Wer weiß, wie noch die Würfel fallen?
Und hat er Glück, so hat er auch Vasallen.

Mephistopheles
Die Stellung, seh' ich, gut ist sie genommen;
Wir treten zu, dann ist der Sieg vollkommen.

Faust
Was kann da zu erwarten sein?
Trug! Zauberblendwerk! Hohler Schein.

Mephistopheles
Kriegslist, um Schlachten zu gewinnen!
Befestige dich bei großen Sinnen,
Indem du deinen Zweck bedenkst.
Erhalten wir dem Kaiser Thron und Lande,
So kniest du nieder und empfängst
Die Lehn von grenzenlosem Strande.

Faust
Schon manches hast du durchgemacht,
Nun, so gewinn auch eine Schlacht!

Mephistopheles
Nein, du gewinnst sie! Diesesmal
Bist du der Obergeneral.

Faust

Das wäre mir die rechte Höhe,
Da zu befehlen, wo ich nichts verstehe!

Mephistopheles

Laß du den Generalstab sorgen,
Und der Feldmarschall ist geborgen.
Kriegsunrat hab' ich längst verspürt,
Den Kriegsrat gleich voraus formiert
Aus Urgebirgs Urmenschenkraft;
Wohl dem, der sie zusammenrafft.

Faust

Was seh' ich dort, was Waffen trägt?
Hast du das Bergvolk aufgeregt?

Mephistopheles

Nein! aber, gleich Herrn Peter Squenz,
Vom ganzen Praß die Quintessenz.

Mephistopheles

Da kommen meine Bursche ja!
Du siehst, von sehr verschiednen Jahren,
Verschiednem Kleid und Rüstung sind sie da;
Du wirst nicht schlecht mit ihnen fahren.
Es liebt sich jetzt ein jedes Kind
Den Harnisch und den Ritterkragen;
Und, allegorisch wie die Lumpe sind,
Sie werden nur um desto mehr behagen.

Raufebold

Wenn einer mir ins Auge sieht,
Werd' ich ihm mit der Faust gleich in die Fresse fahren,
Und eine Memme, wenn sie flieht,
Fass' ich bei ihren letzten Haaren.

Habebald

So leere Händel, das sind Possen,
Damit verdirbt man seinen Tag;

Im Nehmen sei nur unverdrossen,
Nach allem andern frag' hernach.

Haltefest

Damit ist auch nicht viel gewonnen!
Bald ist ein großes Gut zerronnen,
Es rauscht im Lebensstrom hinab.
Zwar nehmen ist recht gut, doch besser ist's, behalten;
Laß du den grauen Kerl nur walten,
Und niemand nimmt dir etwas ab.

Auf dem Vorgebirg

Obergeneral

Noch immer scheint der Vorsatz wohlerwogen,
Daß wir in dies gelegene Tal
Das ganze Heer gedrängt zurückgezogen;
Ich hoffe fest, uns glückt die Wahl.

Kaiser

Wie es nun geht, es muß sich zeigen;
Doch mich verdrießt die halbe Flucht, das Weichen.

Obergeneral

Schau hier, mein Fürst, auf unsre rechte Flanke!
Solch ein Terrain wünscht sich der Kriegsgedanke:
Nicht steil die Hügel, doch nicht allzu gänglich,
Den Unsern vorteilhaft, dem Feind verfänglich;
Wir, halb versteckt, auf wellenförmigem Plan;
Die Reiterei, sie wagt sich nicht heran.

Kaiser

Mir bleibt nichts übrig, als zu loben;
Hier kann sich Arm und Brust erproben.

Obergeneral

Hier, auf der Mittelwiese flachen Räumlichkeiten,
Siehst du den Phalanx, wohlgemut zu streiten.
Die Piken blinken flimmernd in der Luft,

Im Sonnenglanz, durch Morgennebelduft.
Wie dunkel wogt das mächtige Quadrat!
Zu Tausenden glüht's hier auf große Tat.
Du kannst daran die Masse Kraft erkennen,
Ich trau' ihr zu, der Feinde Kraft zu trennen.

Kaiser
Den schönen Blick hab' ich zum erstenmal.
Ein solches Heer gilt für die Doppelzahl.

Obergeneral
Von unsrer Linken hab' ich nichts zu melden,
Den starren Fels besetzen wackere Helden,
Das Steingeklipp, das jetzt von Waffen blitzt,
Den wichtigen Paß der engen Klause schützt.
Ich ahne schon, hier scheitern Feindeskräfte
Unvorgesehn im blutigen Geschäfte.

Kaiser
Dort ziehn sie her, die falschen Anverwandten,
Wie sie mich Oheim, Vetter, Bruder nannten,
Sich immer mehr und wieder mehr erlaubten,
Dem Zepter Kraft, dem Thron Verehrung raubten,
Dann, unter sich entzweit, das Reich verheerten
Und nun gesamt sich gegen mich empörten.
Die Menge schwankt im ungewissen Geist,
Dann strömt sie nach, wohin der Strom sie reißt.

Obergeneral
Ein treuer Mann, auf Kundschaft ausgeschickt,
Kommt eilig felsenab; sei's ihm geglückt!

Erster Kundschafter
Glücklich ist sie uns gelungen,
Listig, mutig, unsre Kunst,
Daß wir hin und her gedrungen;
Doch wir bringen wenig Gunst.
Viele schwören reine Huldigung
Dir, wie manche treue Schar;

Doch Untätigkeits-Entschuldigung:
Innere Gärung, Volksgefahr.

Kaiser

Sich selbst erhalten bleibt der Selbstsucht Lehre,
Nicht Dankbarkeit und Neigung, Pflicht und Ehre.
Bedenkt ihr nicht, wenn eure Rechnung voll,
Daß Nachbars Hausbrand euch verzehren soll?

Obergeneral

Der zweite kommt, nur langsam steigt er nieder,
Dem müden Manne zittern alle Glieder.

Zweiter Kundschafter

Erst gewahrten wir vergnüglich
Wilden Wesens irren Lauf;
Unerwartet, unverzüglich
Trat ein neuer Kaiser auf.
Und auf vorgeschriebnen Bahnen
Zieht die Menge durch die Flur;
Den entrollten Lügenfahnen
Folgen alle. – Schafsnatur!

Kaiser

Ein Gegenkaiser kommt mir zum Gewinn:
Nun fühl' ich erst, daß *ich* der Kaiser bin.
Nur als Soldat legt' ich den Harnisch an,
Zu höherm Zweck ist er nun umgetan.
Bei jedem Fest, wenn's noch so glänzend war,
Nichts ward vermißt, *mir* fehlte die Gefahr.
Wie ihr auch seid, zum Ringspiel rietet ihr,
Mir schlug das Herz, ich atmete Turnier;
Und hättet ihr mir nicht vom Kriegen abgeraten,
Jetzt glänzt' ich schon in lichten Heldentaten.
Selbständig fühlt' ich meine Brust besiegelt,
Als ich mich dort im Feuerreich bespiegelt;
Das Element drang gräßlich auf mich los,
Es war nur Schein, allein der Schein war groß.

Von Sieg und Ruhm hab' ich verwirrt geträumt;
Ich bringe nach, was frevelhaft versäumt.

Faust

Wir treten auf und hoffen, ungescholten;
Auch ohne Not hat Vorsicht wohl gegolten.
Du weißt, das Bergvolk denkt und simuliert,
Ist in Natur- und Felsenschrift studiert.
Die Geister, längst dem flachen Land entzogen,
Sind mehr als sonst dem Felsgebirg gewogen.
Sie wirken still durch labyrinthische Klüfte
Im edlen Gas metallisch reicher Düfte;
In stetem Sondern, Prüfen und Verbinden
Ihr einziger Trieb ist, Neues zu erfinden.
Mit leisem Finger geistiger Gewalten
Erbauen sie durchsichtige Gestalten;
Dann im Kristall und seiner ewigen Schweignis
Erblicken sie der Oberwelt Ereignis.

Kaiser

Vernommen hab' ich's, und ich glaube dir;
Doch, wackrer Mann, sag an: was soll das hier?

Faust

Der Nekromant von Norcia, der Sabiner,
Ist dein getreuer, ehrenhafter Diener.
Welch greulich Schicksal droht' ihm ungeheuer!
Das Reisig prasselte, schon züngelte das Feuer;
Die trocknen Scheite, ringsumher verschränkt,
Mit Pech und Schwefelruten untermengt;
Nicht Mensch, noch Gott, noch Teufel konnte retten,
Die Majestät zersprengte glühende Ketten.
Dort war's in Rom. Er bleibt dir hoch verpflichtet,
Auf deinen Gang in Sorge stets gerichtet.
Von jener Stund' an ganz vergaß er sich,
Er fragt den Stern, die Tiefe nur für dich.
Er trug uns auf, als eiligstes Geschäfte,
Bei dir zu stehn. Groß sind des Berges Kräfte;

Da wirkt Natur so übermächtig frei,
Der Pfaffen Stumpfsinn schilt es Zauberei.

Kaiser

Am Freudentag, wenn wir die Gäste grüßen,
Die heiter kommen, heiter zu genießen,
Da freut uns jeder, wie er schiebt und drängt
Und, Mann für Mann, der Säle Raum verengt.
Doch höchst willkommen muß der Biedre sein,
Tritt er als Beistand kräftig zu uns ein
Zur Morgenstunde, die bedenklich waltet,
Weil über ihr des Schicksals Waage schaltet.
Doch lenket hier im hohen Augenblick
Die starke Hand vom willigen Schwert zurück,
Ehrt den Moment, wo manche Tausend schreiten,
Für oder wider mich zu streiten.
Selbst ist der Mann! Wer Thron und Kron' begehrt,
Persönlich sei er solcher Ehren wert.
Sei das Gespenst, das, gegen uns erstanden,
Sich Kaiser nennt und Herr von unsern Landen,
Des Heeres Herzog, Lehnherr unsrer Großen,
Mit eigner Faust ins Totenreich gestoßen!

Faust

Wie es auch sei, das Große zu vollenden,
Du tust nicht wohl, dein Haupt so zu verpfänden.
Ist nicht der Helm mit Kamm und Busch geschmückt?
Er schützt das Haupt, das unsern Mut entzückt.
Was, ohne Haupt, was förderten die Glieder?
Denn schläfert jenes, alle sinken nieder;
Wird es verletzt, gleich alle sind verwundet,
Erstehen frisch, wenn jenes rasch gesundet.
Schnell weiß der Arm sein starkes Recht zu nützen;
Er hebt den Schild, den Schädel zu beschützen;
Das Schwert gewahret seiner Pflicht sogleich,
Lenkt kräftig ab und wiederholt den Streich;
Der tüchtige Fuß nimmt teil an ihrem Glück,
Setzt dem Erschlagnen frisch sich ins Genick.

Kaiser

Das ist mein Zorn, so möcht' ich ihn behandeln,
Das stolze Haupt in Schemeltritt verwandeln!

Herolde

Wenig Ehre, wenig Geltung
Haben wir daselbst genossen,
Unsrer kräftig edlen Meldung
Lachten sie als schaler Possen:
„Euer Kaiser ist verschollen,
Echo dort im engen Tal;
Wenn wir sein gedenken sollen,
Märchen sagt: – Es war einmal."

Faust

Dem Wunsch gemäß der Besten ist's geschehn,
Die fest und treu an deiner Seite stehn.
Dort naht der Feind, die Deinen harren brünstig;
Befiehl den Angriff, der Moment ist günstig.

Kaiser

Auf das Kommando leist' ich hier Verzicht.
In deinen Händen, Fürst, sei deine Pflicht.

Obergeneral

So trete denn der rechte Flügel an!
Des Feindes Linke, eben jetzt im Steigen,
Soll, eh' sie noch den letzten Schritt getan,
Der Jungendkraft geprüfter Treue weichen.

Faust

Erlaube denn, daß dieser muntre Held
Sich ungesäumt in deine Reihen stellt,
Sich deinen Reihen innigst einverleibt
Und, so gesellt, sein kräftig Wesen treibt.

Raufebold

Wer das Gesicht mir zeigt, der kehrt's nicht ab
Als mit zerschlagnen Unter- und Oberbacken;
Wer mir den Rücken kehrt, gleich liegt ihm schlapp

Hals, Kopf und Schopf hinschlotternd graß im Nacken.
Und schlagen deine Männer dann
Mit Schwert und Kolben, wie ich wüte,
So stürzt der Feind, Mann über Mann,
Ersäuft im eigenen Geblüte.

Obergeneral
Der Phalanx unsrer Mitte folge sacht,
Dem Feind begegn' er, klug mit aller Macht;
Ein wenig rechts, dort hat bereits, erbittert,
Der Unsern Streitkraft ihren Plan erschüttert.

Faust
So folge denn auch dieser deinem Wort!
Er ist behend, reißt alles mit sich fort.

Habebald
Dem Heldenmut der Kaiserscharen
Soll sich der Durst nach Beute paaren;
Und allen sei das Ziel gestellt:
Des Gegenkaisers reiches Zelt.
Er prahlt nicht lang auf seinem Sitze,
Ich ordne mich dem Phalanx an die Spitze.

Eilebeute
Bin ich auch ihm nicht angeweibt,
Er mir der liebste Buhle bleibt.
Für uns ist solch ein Herbst gereift!
Die Frau ist grimmig, wenn sie greift,
Ist ohne Schonung, wenn sie raubt;
Im Sieg voran! und alles ist erlaubt.

Obergeneral
Auf unsre Linke, wie vorauszusehn,
Stürzt ihre Rechte, kräftig. Widerstehn
Wird Mann für Mann dem wütenden Beginnen,
Den engen Paß des Felswegs zu gewinnen.

Faust

So bitte, Herr, auch diesen zu bemerken;
Es schadet nichts, wenn Starke sich verstärken.

Haltefest

Dem linken Flügel keine Sorgen!
Da, wo ich bin, ist der Besitz geborgen;
In ihm bewähret sich der Alte,
Kein Strahlblitz spaltet, was ich halte.

Mephistopheles

Nun schauet, wie im Hintergrunde
Aus jedem zackigen Felsenschlunde
Bewaffnete hervor sich drängen,
Die schmalen Pfade zu verengen,
Mit Helm und Harnisch, Schwertern, Schilden
In unserm Rücken eine Mauer bilden,
Den Wink erwartend, zuzuschlagen.
Woher das kommt, müßt ihr nicht fragen.
Ich habe freilich nicht gesäumt,
Die Waffensäle ringsum ausgeräumt;
Da standen sie zu Fuß, zu Pferde,
Als wären sie noch Herrn der Erde;
Sonst waren's Ritter, König, Kaiser,
Jetzt sind es nichts als leere Schneckenhäuser;
Gar manch Gespenst hat sich darein geputzt,
Das Mittelalter lebhaft aufgestutzt.
Welch Teufelchen auch drinne steckt,
Für diesmal macht es doch Effekt.
Hört, wie sie sich voraus erbosen,
Blechklappernd aneinander stoßen!
Auch flattern Fahnenfetzen bei Standarten,
Die frischer Lüftchen ungeduldig harrten.
Bedenkt, hier ist ein altes Volk bereit
Und mischte gern sich auch zum neuen Streit.

Faust

Der Horizont hat sich verdunkelt,

Nur hie und da bedeutend funkelt
Ein roter ahnungsvoller Schein;
Schon blutig blinken die Gewehre;
Der Fels, der Wald, die Atmosphäre,
Der ganze Himmel mischt sich ein.

Mephistopheles

Die rechte Flanke hält sich kräftig;
Doch seh' ich ragend unter diesen
Hans Raufbold, den behenden Riesen,
Auf seine Weise rasch geschäftig.

Kaiser

Erst sah ich *einen* Arm erhoben,
Jetzt seh' ich schon ein Dutzend toben;
Naturgemäß geschieht es nicht.

Faust

Vernahmst du nichts von Nebelstreifen,
Die auf Siziliens Küsten schweifen?
Dort, schwankend klar, im Tageslicht,
Erhoben zu den Mittellüften,
Gespiegelt in besondern Düften,
Erscheint ein seltsames Gesicht:
Da schwanken Städte hin und wider,
Da steigen Gärten auf und nieder,
Wie Bild um Bild den äther bricht.

Kaiser

Doch wie bedenklich! Alle Spitzen
Der hohen Speere seh' ich blitzen;
Auf unsres Phalanx blanken Lanzen
Seh' ich behende Flämmchen tanzen.
Das scheint mir gar zu geisterhaft.

Faust

Verzeih, o Herr, das sind die Spuren
Verschollner geistiger Naturen,
Ein Widerschein der Dioskuren,

Bei denen alle Schiffer schwuren;
Sie sammeln hier die letzte Kraft.

Kaiser

Doch sage: wem sind wir verpflichtet,
Daß die Natur, auf uns gerichtet,
Das Seltenste zusammenrafft?

Mephistopheles

Wem als dem Meister, jenem hohen,
Der dein Geschick im Busen trägt?
Durch deiner Feinde starkes Drohen
Ist er im Tiefsten aufgeregt.
Sein Dank will dich gerettet sehen,
Und sollt' er selbst daran vergehen.

Kaiser

Sie jubelten, mich pomphaft umzuführen;
Ich war nun was, das wollt' ich auch probieren
Und fand's gelegen, ohne viel zu denken,
Dem weißen Barte kühle Luft zu schenken.
Dem Klerus hab' ich eine Lust verdorben,
Und ihre Gunst mir freilich nicht erworben.
Nun sollt' ich, seit so manchen Jahren,
Die Wirkung frohen Tuns erfahren?

Faust

Freiherzige Wohltat wuchert reich;
Laß deinen Blick sich aufwärts wenden!
Mich deucht, er will ein Zeichen senden,
Gib acht, es deutet sich sogleich.

Kaiser

Ein Adler schwebt im Himmelhohen,
Ein Greif ihm nach mit wildem Drohen.

Faust

Gib acht: gar günstig scheint es mir.
Greif ist ein fabelhaftes Tier;

Wie kann es sich so weit vergessen,
Mit echtem Adler sich zu messen?

Kaiser

Nunmehr, in weitgedehnten Kreisen,
Umziehn sie sich; – in gleichem Nu
Sie fahren aufeinander zu,
Sich Brust und Hälse zu zerreißen.

Faust

Nun merke, wie der leidige Greif,
Zerzerrt, zerzaust, nur Schaden findet
Und mit gesenktem Löwenschweif,
Zum Gipfelwald gestürzt, verschwindet.

Kaiser

Sei's, wie gedeutet, so getan!
Ich nehm' es mit Verwundrung an.

Mephistopheles

Dringend wiederholten Streichen
Müssen unsre Feinde weichen,
Und mit ungewissem Fechten
Drängen sie nach ihrer Rechten
Und verwirren so im Streite
Ihrer Hauptmacht linke Seite.
Unsers Phalanx feste Spitze
Zieht sich rechts, und gleich dem Blitze
Fährt sie in die schwache Stelle. –
Nun, wie sturmerregte Welle
Sprühend, wüten gleiche Mächte
Wild in doppeltem Gefechte;
Herrlichers ist nichts ersonnen,
Uns ist diese Schlacht gewonnen!

Kaiser

Schau! Mir scheint es dort bedenklich,
Unser Posten steht verfänglich.
Keine Steine seh' ich fliegen,

Niedre Felsen sind erstiegen,
Obre stehen schon verlassen.
Jetzt! – Der Feind, zu ganzen Massen
Immer näher angedrungen,
Hat vielleicht den Paß errungen,
Schlußerfolg unheiligen Strebens!
Eure Künste sind vergebens.

Mephistopheles
Da kommen meine beiden Raben,
Was mögen die für Botschaft haben?
Ich fürchte gar, es geht uns schlecht.

Kaiser
Was sollen diese leidigen Vögel?
Sie richten ihre schwarzen Segel
Hierher vom heißen Felsgefecht.

Mephistopheles
Setzt euch ganz nah zu meinen Ohren.
Wen ihr beschützt, ist nicht verloren,
Denn euer Rat ist folgerecht.

Faust
Von Tauben hast du ja vernommen,
Die aus den fernsten Landen kommen
Zu ihres Nestes Brut und Kost.
Hier ist's mit wichtigen Unterschieden:
Die Taubenpost bedient den Frieden,
Der Krieg befiehlt die Rabenpost.

Mephistopheles
Es meldet sich ein schwer Verhängnis:
Seht hin! gewahret die Bedrängnis
Um unsrer Helden Felsenrand!
Die nächsten Höhen sind erstiegen,
Und würden sie den Paß besiegen,
Wir hätten einen schweren Stand.

Kaiser
So bin ich endlich doch betrogen!
Ihr habt mich in das Netz gezogen;
Mir graut, seitdem es mich umstrickt.

Mephistopheles
Nur Mut! Noch ist es nicht mißglückt.
Geduld und Pfiff zum letzten Knoten!
Gewöhnlich geht's am Ende scharf.
Ich habe meine sichern Boten;
Befehlt, daß ich befehlen darf!

Obergeneral
Mit diesen hast du dich vereinigt,
Mich hat's die ganze Zeit gepeinigt,
Das Gaukeln schafft kein festes Glück.
Ich weiß nichts an der Schlacht zu wenden;
Begannen sie's, sie mögen's enden,
Ich gebe meinen Stab zurück.

Kaiser
Behalt ihn bis zu bessern Stunden,
Die uns vielleicht das Glück verleiht.
Mir schaudert vor dem garstigen Kunden
Und seiner Rabentraulichkeit.
Den Stab kann ich dir nicht verleihen,
Du scheinst mir nicht der rechte Mann;
Befiehl und such uns zu befreien!
Geschehe, was geschehen kann.

Mephistopheles
Mag ihn der stumpfe Stab beschützen!
Uns andern könnt' er wenig nützen,
Es war so was vom Kreuz daran.

Faust
Was ist zu tun? –

Mephistopheles
Es ist getan! –

Nun, schwarze Vettern, rasch im Dienen,
Zum großen Bergsee! grüßt mir die Undinen
Und bittet sie um ihrer Fluten Schein.
Durch Weiberkünste, schwer zu kennen,
Verstehen sie vom Sein den Schein zu trennen,
Und jeder schwört, das sei das Sein.

Faust

Den Wasserfräulein müssen unsre Raben
Recht aus dem Grund geschmeichelt haben;
Dort fängt es schon zu rieseln an.
An mancher trocknen, kahlen Felsenstelle
Entwickelt sich die volle, rasche Quelle;
Um jener Sieg ist es getan.

Mephistopheles

Das ist ein wunderbarer Gruß,
Die kühnsten Klettrer sind konfus.

Faust

Schon rauscht *ein* Bach zu Bächen mächtig nieder,
Aus Schluchten kehren sie gedoppelt wieder,
Ein Strom nun wirft den Bogenstrahl;
Auf einmal legt er sich in flache Felsenbreite
Und rauscht und schäumt nach der und jener Seite,
Und stufenweise wirft er sich ins Tal.
Was hilft ein tapfres, heldenmäßiges Stemmen?
Die mächtige Woge strömt, sie wegzuschwemmen.
Mir schaudert selbst vor solchem wilden Schwall.

Mephistopheles

Ich sehe nichts von diesen Wasserlügen,
Nur Menschenaugen lassen sich betrügen,
Und mich ergetzt der wunderliche Fall.
Sie stürzen fort zu ganzen Haufen,
Die Narren wähnen zu ersaufen,
Indem sie frei auf festem Lande schnaufen
Und lächerlich mit Schwimmgebärden laufen.
Nun ist Verwirrung überall.

Ich werd' euch bei dem hohen Meister loben;
Wollt ihr euch nun als Meister selbst erproben,
So eilet zu der glühnden Schmiede,
Wo das Gezwergvolk, nimmer müde,
Metall und Stein zu Funken schlägt.
Verlangt, weitläufig sie beschwatzend,
Ein Feuer, leuchtend, blinkend, platzend,
Wie man's im hohen Sinne hegt.
Zwar Wetterleuchten in der weiten Ferne,
Blickschnelles Fallen allerhöchster Sterne
Mag jede Sommernacht geschehn;
Doch Wetterleuchten in verworrnen Büschen
Und Sterne, die am feuchten Boden zischen,
Das hat man nicht so leicht gesehn.
So müßt ihr, ohn' euch viel zu quälen,
Zuvörderst bitten, dann befehlen.

Mephistopheles

Den Feinden dichte Finsternisse!
Und Tritt und Schritt ins Ungewisse!
Irrfunkenblick an allen Enden,
Ein Leuchten, plötzlich zu verblenden!
Das alles wäre wunderschön,
Nun aber braucht's noch Schreckgetön.

Faust

Die hohlen Waffen aus der Säle Grüften
Empfinden sich erstarkt in freien Lüften;
Da droben klappert's, rasselt's lange schon,
Ein wunderbarer falscher Ton.

Mephistopheles

Ganz recht! Sie sind nicht mehr zu zügeln;
Schon schallt's von ritterlichen Prügeln,
Wie in der holden alten Zeit.
Armschienen wie der Beine Schienen,
Als Guelfen und als Ghibellinen,
Erneuen rasch den ewigen Streit.

Fest, im ererbten Sinne wöhnlich,
Erweisen sie sich unversöhnlich;
Schon klingt das Tosen weit und breit.
Zuletzt, bei allen Teufelsfesten,
Wirkt der Parteihaß doch zum besten,
Bis in den allerletzten Graus;
Schallt wider-widerwärtig panisch,
Mitunter grell und scharf satanisch,
Erschreckend in das Tal hinaus.

Des Gegenkaisers Zelt

Eilebeute
So sind wir doch die ersten hier!

Habebald
Kein Rabe fliegt so schnell als wir.

Eilebeute
O! welch ein Schatz liegt hier zuhauf!
Wo fang' ich an? Wo hör' ich auf?

Habebald
Steht doch der ganze Raum so voll!
Weiß nicht, wozu ich greifen soll.

Eilebeute
Der Teppich wär' mir eben recht,
Mein Lager ist oft gar zu schlecht.

Habebald
Hier hängt von Stahl ein Morgenstern,
Dergleichen hätt' ich lange gern.

Eilebeute
Den roten Mantel goldgesäumt,
So etwas hatt' ich mir geträumt.

Habebald
Damit ist es gar bald getan,

Man schlägt ihn tot und geht voran.
Du hast so viel schon aufgepackt
Und doch nichts Rechtes eingesackt.
Den Plunder laß an seinem Ort,
Nehm' eines dieser Kistchen fort!
Dies ist des Heers beschiedner Sold,
In seinem Bauche lauter Gold.

Eilebeute
Das hat ein mörderisch Gewicht!
Ich heb' es nicht, ich trag' es nicht.

Habebald
Geschwinde duck' dich! Mußt dich bücken!
Ich hucke dir's auf den starken Rücken.

Eilebeute
O weh! O weh, nun ist's vorbei!
Die Last bricht mir das Kreuz entzwei.

Habebald
Da liegt das rote Gold zuhauf –
Geschwinde zu und raff es auf!

Eilebeute
Geschwinde nur zum Schoß hinein!
Noch immer wird's zur Gnüge sein.

Habebald
Und so genug! und eile doch!
O weh, die Schürze hat ein Loch!
Wohin du gehst und wo du stehst,
Verschwenderisch die Schätze säst.

Trabanten unsers Kaisers
Was schafft ihr hier am heiligen Platz?
Was kramt ihr in dem Kaiserschatz?

Habebald
Wir trugen unsre Glieder feil
Und holen unser Beuteteil.

In Feindeszelten ist's der Brauch,
Und wir, Soldaten sind wir auch.

Trabanten

Das passet nicht in unsern Kreis:
Zugleich Soldat und Diebsgeschmeiß;
Und wer sich unserm Kaiser naht,
Der sei ein redlicher Soldat.

Habebald

Die Redlichkeit, die kennt man schon,
Sie heißet: Kontribution.
Ihr alle seid auf gleichem Fuß:
Gib her! das ist der Handwerksgruß.
Mach fort und schleppe, was du hast,
Hier sind wir nicht willkommner Gast.

Erster Trabant

Sag, warum gabst du nicht sogleich
Dem frechen Kerl einen Backenstreich?

Zweiter

Ich weiß nicht, mir verging die Kraft,
Sie waren so gespensterhaft.

Dritter

Mir ward es vor den Augen schlecht,
Da flimmert' es, ich sah nicht recht.

Vierter

Wie ich es nicht zu sagen weiß:
Es war den ganzen Tag so heiß,
So bänglich, so beklommen schwül,
Der eine stand, der andre fiel,
Man tappte hin und schlug zugleich,
Der Gegner fiel vor jedem Streich,
Vor Augen schwebt' es wie ein Flor,
Dann summt's und saust's und zischt' im Ohr;
Das ging so fort, nun sind wir da
Und wissen selbst nicht, wie's geschah.

Kaiser

Es sei nun, wie ihm sei! uns ist die Schlacht gewonnen,
Des Feinds zerstreute Flucht im flachen Feld zerronnen.
Hier steht der leere Thron, verräterischer Schatz,
Von Teppichen umhüllt, verengt umher den Platz.
Wir, ehrenvoll geschützt von eigenen Trabanten,
Erwarten kaiserlich der Völker Abgesandten;
Von allen Seiten her kommt frohe Botschaft an:
Beruhigt sei das Reich, uns freudig zugetan.
Hat sich in unsern Kampf auch Gaukelei geflochten,
Am Ende haben wir uns nur allein gefochten.
Zufälle kommen ja dem Streitenden zugut:
Vom Himmel fällt ein Stein, dem Feinde regnet's Blut,
Aus Felsenhöhlen tönt's von mächtigen Wunderklängen,
Die unsre Brust erhöhn, des Feindes Brust verengen.
Der überwundne fiel, zu stets erneutem Spott,
Der Sieger, wie er prangt, preist den gewognen Gott.
Und alles stimmt mit ein, er braucht nicht zu befehlen,
Herr Gott, dich loben wir! aus Millionen Kehlen.
Jedoch zum höchsten Preis wend' ich den frommen Blick,
Das selten sonst geschah, zur eignen Brust zurück.
Ein junger, muntrer Fürst mag seinen Tag vergeuden,
Die Jahre lehren ihn des Augenblicks Bedeuten.
Deshalb denn ungesäumt verbind' ich mich sogleich
Mit euch vier Würdigen, für Haus und Hof und Reich.
Dein war, o Fürst! des Heers geordnet kluge Schichtung,
Sodann im Hauptmoment heroisch kühne Richtung;
Im Frieden wirke nun, wie es die Zeit begehrt,
Erzmarschall nenn' ich dich, verleihe dir das Schwert.

Erzmarschall

Dein treues Heer, bis jetzt im Inneren beschäftigt,
Wenn's an der Grenze dich und deinen Thron bekräftigt,
Dann sei es uns vergönnt, bei Festesdrang im Saal
Geräumiger Väterburg zu rüsten dir das Mahl.
Blank trag' ich's dir dann vor, blank halt' ich dir's zur Seite,
Der höchsten Majestät zu ewigem Geleite.

Kaiser

Der sich als tapfrer Mann auch zart gefällig zeigt,
Du! sei Erzkämmerer; der Auftrag ist nicht leicht.
Du bist der Oberste von allem Hausgesinde,
Bei deren innerm Streit ich schlechte Diener finde;
Dein Beispiel sei fortan in Ehren aufgestellt,
Wie man dem Herrn, dem Hof und allen wohlgefällt.

Erzkämmerer

Des Herren großen Sinn zu fördern, bringt zu Gnaden:
Den Besten hülfreich sein, den Schlechten selbst nicht schaden,
Dann klar sein ohne List und ruhig ohne Trug!
Wenn du mich, Herr, durchschaust, geschieht mir schon genug.
Darf sich die Phantasie auf jenes Fest erstrecken?
Wenn du zur Tafel gehst, reich' ich das goldne Becken,
Die Ringe halt' ich dir, damit zur Wonnezeit
Sich deine Hand erfrischt, wie mich dein Blick erfreut.

Kaiser

Zwar fühl' ich mich zu ernst, auf Festlichkeit zu sinnen,
Doch sei's! Es fördert auch frohmütiges Beginnen.
Dich wähl' ich zum Erztruchseß! Also sei fortan
Dir Jagd, Geflügelhof und Vorwerk untertan;
Der Lieblingsspeisen Wahl laß mir zu allen Zeiten,
Wie sie der Monat bringt, und sorgsam zubereiten.

Erztruchsess

Streng Fasten sei für mich die angenehmste Pflicht,
Bis, vor dich hingestellt, dich freut ein Wohlgericht.
Der Küche Dienerschaft soll sich mit mir vereinigen,
Das Ferne beizuziehn, die Jahrszeit zu beschleunigen.
Dich reizt nicht Fern und Früh, womit die Tafel prangt,
Einfach und kräftig ist's, wornach dein Sinn verlangt.

Kaiser

Weil unausweichlich hier sich's nur von Festen handelt,
So sei mir, junger Held, zum Schenken umgewandelt.
Erzschenke, sorge nun, daß unsre Kellerei
Aufs reichlichste versorgt mit gutem Weine sei.

Du selbst sei mäßig, laß nicht über Heiterkeiten
Durch der Gelegenheit Verlocken dich verleiten!

Erzschenk

Mein Fürst, die Jugend selbst, wenn man ihr nur vertraut,
Steht, eh' man sich's versieht, zu Männern auferbaut.
Auch ich versetze mich zu jenem großen Feste;
Ein kaiserlich Büfett schmück' ich aufs allerbeste
Mit Prachtgefäßen, gülden, silbern allzumal,
Doch wähl' ich dir voraus den lieblichsten Pokal:
Ein blank venedisch Glas, worin Behagen lauschet,
Des Weins Geschmack sich stärkt und nimmermehr berauschet.
Auf solchen Wunderschatz vertraut man oft zu sehr;
Doch deine Mäßigkeit, du Höchster, schützt noch mehr.

Kaiser

Was ich euch zugedacht in dieser ernsten Stunde,
Vernahmt ihr mit Vertraun aus zuverlässigem Munde.
Des Kaisers Wort ist groß und sichert jede Gift,
Doch zur Bekräftigung bedarf's der edlen Schrift,
Bedarf's der Signatur. Die förmlich zu bereiten,
Seh' ich den rechten Mann zu rechter Stunde schreiten.

Kaiser

Wenn ein Gewölbe sich dem Schlußstein anvertraut,
Dann ist's mit Sicherheit für ewige Zeit erbaut.
Du siehst vier Fürsten da! Wir haben erst erörtert,
Was den Bestand zunächst von Haus und Hof befördert.
Nun aber, was das Reich in seinem Ganzen hegt,
Sei, mit Gewicht und Kraft, der Fünfzahl auferlegt.
An Ländern sollen sie vor allen andern glänzen;
Deshalb erweitr' ich gleich jetzt des Besitztums Grenzen
Vom Erbteil jener, die sich von uns abgewandt.
Euch Treuen sprech' ich zu so manches schöne Land,
Zugleich das hohe Recht, euch nach Gelegenheiten
Durch Anfall, Kauf und Tausch ins Weitre zu verbreiten;
Dann sei bestimmt – vergönnt, zu üben ungestört –,
Was von Gerechtsamen euch Landesherrn gehört.

Als Richter werdet ihr die Endurteile fällen,
Berufung gelte nicht von euern höchsten Stellen.
Dann Steuer, Zins und Beth', Lehn und Geleit und Zoll,
Berg-, Salz- und Münzregal euch angehören soll.
Denn meine Dankbarkeit vollgültig zu erproben,
Hab ich euch ganz zunächst der Majestät erhoben.

Erzbischof

Im Namen aller sei dir tiefster Dank gebracht!
Du machst uns stark und fest und stärkest deine Macht.

Kaiser

Euch fünfen will ich noch erhöhtere Würde geben.
Noch leb' ich meinem Reich und habe Lust, zu leben;
Doch hoher Ahnen Kette zieht bedächtigen Blick
Aus rascher Strebsamkeit ins Drohende zurück.
Auch werd' ich seinerzeit mich von den Teuren trennen,
Dann sei es eure Pflicht, den Folger zu ernennen.
Gekrönt erhebt ihn hoch auf heiligem Altar,
Und friedlich ende dann, was jetzt so stürmisch war.

Erzkanzler

Mit Stolz in tiefster Brust, mit Demut an Gebärde,
Stehn Fürsten dir gebeugt, die ersten auf der Erde.
Solang das treue Blut die vollen Adern regt,
Sind wir der Körper, den dein Wille leicht bewegt.

Kaiser

Und also sei, zum Schluß, was wir bisher betätigt,
Für alle Folgezeit durch Schrift und Zug bestätigt.
Zwar habt ihr den Besitz als Herren völlig frei,
Mit dem Beding jedoch, daß er unteilbar sei.
Und wie ihr auch vermehrt, was ihr von uns empfangen,
Es soll's der ältste Sohn in gleichem Maß erlangen.

Erzkanzler

Dem Pergament alsbald vertrau' ich wohlgemut,
Zum Glück dem Reich und uns, das wichtigste Statut;

Reinschrift und Sieglung soll die Kanzelei beschäftigen,
Mit heiliger Signatur wirst du's, der Herr, bekräftigen.

Kaiser

Und so entlass' ich euch, damit den großen Tag
Gesammelt jedermann sich überlegen mag.

Der Geistliche

Der Kanzler ging hinweg, der Bischof ist geblieben,
Vom ernsten Warnegeist zu deinem Ohr getrieben!
Sein väterliches Herz, von Sorge bangt's um dich.

Kaiser

Was hast du Bängliches zur frohen Stunde? sprich!

Erzbischof

Mit welchem bittern Schmerz find' ich, in dieser Stunde,
Dein hochgeheiligt Haupt mit Satanas im Bunde!
Zwar, wie es scheinen will, gesichert auf dem Thron,
Doch leider! Gott dem Herrn, dem Vater Papst zum Hohn.
Wenn dieser es erfährt, schnell wird er sträflich richten,
Mit heiligem Strahl dein Reich, das sündige, zu vernichten.
Denn noch vergaß er nicht, wie du, zur höchsten Zeit,
An deinem Krönungstag, den Zauberer befreit.
Von deinem Diadem, der Christenheit zum Schaden,
Traf das verfluchte Haupt der erste Strahl der Gnaden.
Doch schlag an deine Brust und gib vom frevlen Glück
Ein mäßig Scherflein gleich dem Heiligtum zurück:
Den breiten Hügelraum, da, wo dein Zelt gestanden,
Wo böse Geister sich zu deinem Schutz verbanden,
Dem Lügenfürsten du ein horchsam Ohr geliehn,
Den stifte, fromm belehrt, zu heiligem Bemühn;
Mit Berg und dichtem Wald, so weit sie sich erstrecken,
Mit Höhen, die sich grün zu fetter Weide decken,
Fischreichen, klaren Seen, dann Bächlein ohne Zahl,
Wie sie sich, eilig schlängelnd, stürzen ab zu Tal;
Das breite Tal dann selbst, mit Wiesen, Gauen, Gründen:
Die Reue spricht sich aus, und du wirst Gnade finden.

Kaiser

Durch meinen schweren Fehl bin ich so tief erschreckt;
Die Grenze sei von dir nach eignem Maß gesteckt.

Erzbischof

Erst! der entweihte Raum, wo man sich so versündigt,
Sei alsobald zum Dienst des Höchsten angekündigt.
Behende steigt im Geist Gemäuer stark empor,
Der Morgensonne Blick erleuchtet schon das Chor,
Zum Kreuz erweitert sich das wachsende Gebäude,
Das Schiff erlängt, erhöht sich zu der Gläubigen Freude;
Sie strömen brünstig schon durchs würdige Portal,
Der erste Glockenruf erscholl durch Berg und Tal,
Von hohen Türmen tönt's, wie sie zum Himmel streben,
Der Büßer kommt heran zu neugeschaffnem Leben.
Dem hohen Weihetag – er trete bald herein! –
Wird deine Gegenwart die höchste Zierde sein.

Kaiser

Mag ein so großes Werk den frommen Sinn verkündigen,
Zu preisen Gott den Herrn, so wie mich zu entsündigen.
Genug! Ich fühle schon, wie sich mein Sinn erhöht.

Erzbischof

Als Kanzler fördr' ich nun Schluß und Formalität.

Kaiser

Ein förmlich Dokument, der Kirche das zu eignen,
Du legst es vor, ich will's mit Freuden unterzeichnen.

Erzbischof

Dann widmest du zugleich dem Werke, wie's entsteht,
Gesamte Landsgefälle: Zehnten, Zinsen, Beth',
Für ewig. Viel bedarf's zu würdiger Unterhaltung,
Und schwere Kosten macht die sorgliche Verwaltung.
Zum schnellen Aufbau selbst auf solchem wüsten Platz
Reichst du uns einiges Gold, aus deinem Beuteschatz.
Daneben braucht man auch, ich kann es nicht verschweigen,
Entferntes Holz und Kalk und Schiefer und dergleichen.

Die Fuhren tut das Volk, vom Predigtstuhl belehrt,
Die Kirche segnet den, der ihr zu Diensten fährt.

Kaiser

Die Sünd' ist groß und schwer, womit ich mich beladen;
Das leidige Zaubervolk bringt mich in harten Schaden.

Erzbischof

Verzeih, o Herr! Es ward dem sehr verrufnen Mann
Des Reiches Strand verliehn; doch diesen trifft der Bann,
Verleihst du reuig nicht der hohen Kirchenstelle
Auch dort den Zehnten, Zins und Gaben und Gefälle.

Kaiser

Das Land ist noch nicht da, im Meer liegt es breit.

Erzbischof

Wer 's Recht hat und Geduld, für den kommt auch die Zeit.
Für uns mög' Euer Wort in seinen Kräften bleiben!

Kaiser

So könnt' ich wohl zunächst das ganze Reich verschreiben.

5. Akt

Offene Gegend

Wandrer

Ja! sie sind's, die dunkeln Linden,
Dort, in ihres Alters Kraft.
Und ich soll sie wiederfinden,
Nach so langer Wanderschaft!
Ist es doch die alte Stelle,
Jene Hütte, die mich barg,
Als die sturmerregte Welle
Mich an jene Dünen warf!
Meine Wirte möcht' ich segnen,

Hilfsbereit, ein wackres Paar,
Das, um heut mir zu begegnen,
Alt schon jener Tage war.
Ach! das waren fromme Leute!
Poch' ich? ruf' ich? – Seid gegrüßt,
Wenn gastfreundlich auch noch heute
Ihr des Wohltuns Glück genießt!

Baucis

Lieber Kömmling! Leise! Leise!
Ruhe! laß den Gatten ruhn!
Langer Schlaf verleiht dem Greise
Kurzen Wachens rasches Tun.

Wandrer

Sage, Mutter: bist du's eben,
Meinen Dank noch zu empfahn,
Was du für des Jünglings Leben
Mit dem Gatten einst getan?
Bist du Baucis, die geschäftig
Halberstorbnen Mund erquickt?
Du Philemon, der so kräftig
Meinen Schatz der Flut entrückt?
Eure Flammen raschen Feuers,
Eures Glöckchens Silberlaut,
Jenes grausen Abenteuers
Lösung war euch anvertraut.
Und nun laßt hervor mich treten,
Schaun das grenzenlose Meer;
Laßt mich knieen, laßt mich beten,
Mich bedrängt die Brust so sehr.

Philemon

Eile nur, den Tisch zu decken,
Wo's im Gärtchen munter blüht.
Laß ihn rennen, ihn erschrecken,
Denn er glaubt nicht, was er sieht.
Das Euch grimmig mißgehandelt,

Wog' auf Woge, schäumend wild,
Seht als Garten Ihr behandelt,
Seht ein paradiesisch Bild.
älter, war ich nicht zuhanden,
Hülfreich nicht wie sonst bereit;
Und wie meine Kräfte schwanden,
War auch schon die Woge weit.
Kluger Herren kühne Knechte
Gruben Gräben, dämmten ein,
Schmälerten des Meeres Rechte,
Herrn an seiner Statt zu sein.
Schaue grünend Wies' an Wiese,
Anger, Garten, Dorf und Wald. –
Komm nun aber und genieße,
Denn die Sonne scheidet bald. –
Dort im Fernsten ziehen Segel,
Suchen nächtlich sichern Port.
Kennen doch ihr Nest die Vögel;
Denn jetzt ist der Hafen dort.
So erblickst du in der Weite
Erst des Meeres blauen Saum,
Rechts und links, in aller Breite,
Dichtgedrängt bewohnten Raum.

Baucis

Bleibst du stumm? und keinen Bissen
Bringst du zum verlechzten Mund?

Philemom

Möcht' er doch vom Wunder wissen;
Sprichst so gerne, tu's ihm kund.

Baucis

Wohl! ein Wunder ist's gewesen!
Läßt mich heut noch nicht in Ruh;
Denn es ging das ganze Wesen
Nicht mit rechten Dingen zu.

Philemon

Kann der Kaiser sich versünd'gen,
Der das Ufer ihm verliehn?
Tät's ein Herold nicht verkünd'gen
Schmetternd im Vorüberziehn?
Nicht entfernt von unsern Dünen
Ward der erste Fuß gefaßt,
Zelte, Hütten! – Doch im Grünen
Richtet bald sich ein Palast.

Baucis

Tags umsonst die Knechte lärmten,
Hack' und Schaufel, Schlag um Schlag;
Wo die Flämmchen nächtig schwärmten,
Stand ein Damm den andern Tag.
Menschenopfer mußten bluten,
Nachts erscholl des Jammers Qual;
Meerab flossen Feuergluten,
Morgens war es ein Kanal.
Gottlos ist er, ihn gelüstet
Unsre Hütte, unser Hain;
Wie er sich als Nachbar brüstet,
Soll man untertänig sein.

Philemom

Hat er uns doch angeboten
Schönes Gut im neuen Land!

Baucis

Traue nicht dem Wasserboden,
Halt auf deiner Höhe stand!

Philemon

Laßt uns zur Kapelle treten,
Letzten Sonnenblick zu schaun!
Laßt uns läuten, knieen, beten
Und dem alten Gott vertraun!

Palast

Lynkeus der Türmer

Die Sonne sinkt, die letzten Schiffe,
Sie ziehen munter hafenein.
Ein großer Kahn ist im Begriffe,
Auf dem Kanale hier zu sein.
Die bunten Wimpel wehen fröhlich,
Die starren Masten stehn bereit;
In dir preist sich der Bootsmann selig,
Dich grüßt das Glück zur höchsten Zeit.

Faust

Verdammtes Läuten! Allzuschändlich
Verwundet's, wie ein tückischer Schuß;
Vor Augen ist mein Reich unendlich,
Im Rücken neckt mich der Verdruß,
Erinnert mich durch neidische Laute:
Mein Hochbesitz, er ist nicht rein,
Der Lindenraum, die braune Baute,
Das morsche Kirchlein ist nicht mein.
Und wünscht' ich, dort mich zu erholen,
Vor fremdem Schatten schaudert mir,
Ist Dorn den Augen, Dorn den Sohlen;
O! wär' ich weit hinweg von hier!

Türmer

Wie segelt froh der bunte Kahn
Mit frischem Abendwind heran!
Wie türmt sich sein behender Lauf
In Kisten, Kasten, Säcken auf!

Chorus

Da landen wir,
Da sind wir schon.
Glückan dem Herren,
Dem Patron!

Mephistopheles

So haben wir uns wohl erprobt,
Vergnügt, wenn der Patron es lobt.
Nur mit zwei Schiffen ging es fort,
Mit zwanzig sind wir nun im Port.
Was große Dinge wir getan,
Das sieht man unsrer Ladung an.
Das freie Meer befreit den Geist,
Wer weiß da, was Besinnen heißt!
Da fördert nur ein rascher Griff,
Man fängt den Fisch, man fängt ein Schiff,
Und ist man erst der Herr zu drei,
Dann hakelt man das vierte bei;
Da geht es denn dem fünften schlecht,
Man hat Gewalt, so hat man Recht.
Man fragt ums *Was,* und nicht ums *Wie.*
Ich müßte keine Schiffahrt kennen:
Krieg, Handel und Piraterie,
Dreieinig sind sie, nicht zu trennen.

Die drei gewaltigen Gesellen

Nicht Dank und Gruß!
Nicht Gruß und Dank!
Als brächten wir
Dem Herrn Gestank.
Er macht ein
Widerlich Gesicht;
Das Königsgut
Gefällt ihm nicht.

Mephistopheles

Erwartet weiter
Keinen Lohn!
Nahmt ihr doch
Euren Teil davon.

Die Gesellen

Das ist nur für

Die Langeweil';
Wir alle fordern
Gleichen Teil.

Mephistopheles

Erst ordnet oben
Saal an Saal
Die Kostbarkeiten
Allzumal!
Und tritt er zu
Der reichen Schau,
Berechnet er alles
Mehr genau,
Er sich gewiß
Nicht lumpen läßt
Und gibt der Flotte
Fest nach Fest.
Die bunten Vögel kommen morgen,
Für die werd' ich zum besten sorgen.

Mephistopheles

Mit ernster Stirn, mit düstrem Blick
Vernimmst du dein erhaben Glück.
Die hohe Weisheit wird gekrönt,
Das Ufer ist dem Meer versöhnt;
Vom Ufer nimmt, zu rascher Bahn,
Das Meer die Schiffe willig an;
So sprich, daß hier, hier vom Palast
Dein Arm die ganze Welt umfaßt.
Von dieser Stelle ging es aus,
Hier stand das erste Bretterhaus;
Ein Gräbchen ward hinabgeritzt,
Wo jetzt das Ruder emsig spritzt.
Dein hoher Sinn, der Deinen Fleiß
Erwarb des Meers, der Erde Preis.
Von hier aus – –

Faust

Das verfluchte *Hier!*
Das eben, leidig lastet's mir.
Dir Vielgewandtem muß ich's sagen,
Mir gibt's im Herzen Stich um Stich,
Mir ist's unmöglich zu ertragen!
Und wie ich's sage, schäm' ich mich.
Die Alten droben sollten weichen,
Die Linden wünscht' ich mir zum Sitz,
Die wenig Bäume, nicht mein eigen,
Verderben mir den Weltbesitz.
Dort wollt' ich, weit umherzuschauen,
Von Ast zu Ast Gerüste bauen,
Dem Blick eröffnen weite Bahn,
Zu sehn, was alles ich getan,
Zu überschaun mit einem Blick
Des Menschengeistes Meisterstück,
Betätigend mit klugem Sinn
Der Völker breiten Wohngewinn.
So sind am härtsten wir gequält,
Im Reichtum fühlend, was uns fehlt.
Des Glöckchens Klang, der Linden Duft
Umfängt mich wie in Kirch' und Gruft.
Des allgewaltigen Willens Kür
Bricht sich an diesem Sande hier.
Wie schaff' ich mir es vom Gemüte!
Das Glöcklein läutet, und ich wüte.

Mephistopheles

Natürlich! daß ein Hauptverdruß
Das Leben dir vergällen muß.
Wer leugnet's! Jedem edlen Ohr
Kommt das Geklingel widrig vor.
Und das verfluchte Bim-Baum-Bimmel,
Umnebelnd heitern Abendhimmel,
Mischt sich in jegliches Begebnis,
Vom ersten Bad bis zum Begräbnis,

Als wäre zwischen Bim und Baum
Das Leben ein verschollner Traum.

Faust
Das Widerstehn, der Eigensinn
Verkümmern herrlichsten Gewinn,
Daß man, zu tiefer, grimmiger Pein,
Ermüden muß, gerecht zu sein.

Mephistopheles
Was willst du dich denn hier genieren?
Mußt du nicht längst kolonisieren?

Faust
So geht und schafft sie mir zur Seite! –
Das schöne Gütchen kennst du ja,
Das ich den Alten ausersah.

Mephistopheles
Man trägt sie fort und setzt sie nieder,
Eh' man sich umsieht, stehn sie wieder;
Nach überstandener Gewalt
Versöhnt ein schöner Aufenthalt.

Mephistopheles
Kommt, wie der Herr gebieten läßt!
Und morgen gibt's ein Flottenfest.

Die drei
Der alte Herr empfing uns schlecht,
Ein flottes Fest ist uns zu Recht.

Mephistopheles
Auch hier geschieht, was längst geschah,
Denn Naboths Weinberg war schon da. ((regum i,21))

Tiefe Nacht

Lynkeus der Türmer

Zum Sehen geboren,
Zum Schauen bestellt,
Dem Turme geschworen,
Gefällt mir die Welt.
Ich blick' in die Ferne,
Ich seh' in der Näh'
Den Mond und die Sterne,
Den Wald und das Reh.
So seh' ich in allen
Die ewige Zier,
Und wie mir's gefallen,
Gefall' ich auch mir.
Ihr glücklichen Augen,
Was je ihr gesehn,
Es sei wie es wolle,
Es war doch so schön!
Nicht allein mich zu ergetzen,
Bin ich hier so hoch gestellt;
Welch ein greuliches Entsetzen
Droht mir aus der finstern Welt!
Funkenblicke seh' ich sprühen
Durch der Linden Doppelnacht,
Immer stärker wühlt ein Glühen,
Von der Zugluft angefacht.
Ach! die innre Hütte lodert,
Die bemoost und feucht gestanden;
Schnelle Hülfe wird gefordert,
Keine Rettung ist vorhanden.
Ach! die guten alten Leute,
Sonst so sorglich um das Feuer,
Werden sie dem Qualm zur Beute!
Welch ein schrecklich Abenteuer!
Flamme flammet, rot in Gluten
Steht das schwarze Moosgestelle;

Retteten sich nur die Guten
Aus der wildentbrannten Hölle!
Züngelnd lichte Blitze steigen
Zwischen Blättern, zwischen Zweigen;
äste dürr, die flackernd brennen,
Glühen schnell und stürzen ein.
Sollt ihr Augen dies erkennen!
Muß ich so weitsichtig sein!
Das Kapellchen bricht zusammen
Von der äste Sturz und Last.
Schlängelnd sind, mit spitzen Flammen,
Schon die Gipfel angefaßt.
Bis zur Wurzel glühn die hohlen
Stämme, purpurrot im Glühn. –
Was sich sonst dem Blick empfohlen,
Mit Jahrhunderten ist hin.

Faust

Von oben welch ein singend Wimmern?
Das Wort ist hier, der Ton zu spat.
Mein Türmer jammert; mich, im Innern,
Verdrießt die ungeduld'ge Tat.
Doch sei der Lindenwuchs vernichtet
Zu halbverkohlter Stämme Graun,
Ein Luginsland ist bald errichtet,
Um ins Unendliche zu schaun.
Da seh' ich auch die neue Wohnung,
Die jenes alte Paar umschließt,
Das, im Gefühl großmütiger Schonung,
Der späten Tage froh genießt.

Mephistopheles und die dreie

Da kommen wir mit vollem Trab;
Verzeiht! es ging nicht gütlich ab.
Wir klopften an, wir pochten an,
Und immer ward nicht aufgetan;
Wir rüttelten, wir pochten fort,
Da lag die morsche Türe dort;

Wir riefen laut und drohten schwer,
Allein wir fanden kein Gehör.
Und wie's in solchem Fall geschicht,
Sie hörten nicht, sie wollten nicht;
Wir aber haben nicht gesäumt,
Behende dir sie weggeräumt.
Das Paar hat sich nicht viel gequält,
Vor Schrecken fielen sie entseelt.
Ein Fremder, der sich dort versteckt
Und fechten wollte, ward gestreckt.
In wilden Kampfes kurzer Zeit
Von Kohlen, ringsumher gestreut,
Entflammte Stroh. Nun lodert's frei,
Als Scheiterhaufen dieser drei.

Faust

Ward ihr für meine Worte taub?
Tausch wollt' ich, wollte keinen Raub.
Dem unbesonnenen wilden Streich,
Ihm fluch' ich; teilt es unter euch!

Chorus

Das alte Wort, das Wort erschallt:
Gehorche willig der Gewalt!
Und bist du kühn und hälst du Stich,
So wage Haus und Hof und – dich.

Faust

Die Sterne bergen Blick und Schein,
Das Feuer sinkt und lodert klein;
Ein Schauerwindchen fächelt's an,
Bringt Rauch und Dunst zu mir heran.
Geboten schnell, zu schnell getan! –
Was schwebet schattenhaft heran?

Mitternacht

Erste
Ich heiße der Mangel. –

Zweite
Ich heiße die Schuld.

Dritte
Ich heiße die Sorge. –

Vierte
Ich heiße die Not.

Zu drei
Die Tür ist verschlossen, wir können nicht ein;
Drin wohnet ein Reicher, wir mögen nicht 'nein.

Mangel
Da werd' ich zum Schatten. –

Schuld
Da werd' ich zunicht.

Not
Man wendet von mir das verwöhnte Gesicht.

Sorge
Ihr Schwestern, ihr könnt nicht und dürft nicht hinein.
Die Sorge, sie schleicht sich durchs Schlüsselloch ein.

Mangel
Ihr, graue Geschwister, entfernt euch von hier.

Schuld
Ganz nah an der Seite verbind' ich mich dir.

Not
Ganz nah an der Ferse begleitet die Not.

Zu drei
Es ziehen die Wolken, es schwinden die Sterne!
Dahinten, dahinten! von ferne, von ferne,
Da kommt er, der Bruder, da kommt er, der – – – Tod.

Faust

Vier sah ich kommen, drei nur gehn;
Den Sinn der Rede konnt' ich nicht verstehn.
Es klang so nach, als hieß' es – Not,
Ein düstres Reimwort folgte – Tod.
Es tönte hohl, gespensterhaft gedämpft.
Noch hab' ich mich ins Freie nicht gekämpft.
Könnt' ich Magie von meinem Pfad entfernen,
Die Zaubersprüche ganz und gar verlernen,
Stünd' ich, Natur, vor dir ein Mann allein,
Da wär's der Mühe wert, ein Mensch zu sein.
Das war ich sonst, eh' ich's im Düstern suchte,
Mit Frevelwort mich und die Welt verfluchte.
Nun ist die Luft von solchem Spuk so voll,
Daß niemand weiß, wie er ihn meiden soll.
Wenn auch ein Tag uns klar vernünftig lacht,
In Traumgespinst verwickelt uns die Nacht;
Wir kehren froh von junger Flur zurück,
Ein Vogel krächzt; was krächzt er? Mißgeschick.
Von Aberglauben früh und spat umgarnt:
Es eignet sich, es zeigt sich an, es warnt.
Und so verschüchtert, stehen wir allein.
Die Pforte knarrt, und niemand kommt herein.
Ist jemand hier? –

Sorge

Die Frage fordert Ja!

Faust

Und du, wer bist denn du? –

Sorge

Bin einmal da.

Faust

Entferne dich! –

Sorge

Ich bin am rechten Ort.

Faust

Nimm dich in acht und sprich kein Zauberwort.

Sorge

Würde mich kein Ohr vernehmen,
Müßt' es doch im Herzen dröhnen;
In verwandelter Gestalt
üb' ich grimmige Gewalt.
Auf den Pfaden, auf der Welle,
Ewig ängstlicher Geselle,
Stets gefunden, nie gesucht,
So geschmeichelt wie verflucht. –
Hast du die Sorge nie gekannt?

Faust

Ich bin nur durch die Welt gerannt;
Ein jed' Gelüst ergriff ich bei den Haaren,
Was nicht genügte, ließ ich fahren,
Was mir entwischte, ließ ich ziehn.
Ich habe nur begehrt und nur vollbracht
Und abermals gewünscht und so mit Macht
Mein Leben durchgestürmt; erst groß und mächtig,
Nun aber geht es weise, geht bedächtig.
Der Erdenkreis ist mir genug bekannt,
Nach drüben ist die Aussicht uns verrannt;
Tor, wer dorthin die Augen blinzelnd richtet,
Sich über Wolken seinesgleichen dichtet!
Er stehe fest und sehe hier sich um;
Dem Tüchtigen ist diese Welt nicht stumm.
Was braucht er in die Ewigkeit zu schweifen!
Was er erkennt, läßt sich ergreifen.
Er wandle so den Erdentag entlang;
Wenn Geister spuken, geh' er seinen Gang,
Im Weiterschreiten find' er Qual und Glück,
Er, unbefriedigt jeden Augenblick!

Sorge

Wen ich einmal besitze,

Dem ist alle Welt nichts nütze;
Ewiges Düstre steigt herunter,
Sonne geht nicht auf noch unter,
Bei vollkommnen äußern Sinnen
Wohnen Finsternisse drinnen,
Und er weiß von allen Schätzen
Sich nicht in Besitz zu setzen.
Glück und Unglück wird zur Grille,
Er verhungert in der Fülle;
Sei es Wonne, sei es Plage,
Schieb er's zu dem andern Tage,
Ist der Zukunft nur gewärtig,
Und so wird er niemals fertig.

Faust

Hör auf! so kommst du mir nicht bei!
Ich mag nicht solchen Unsinn hören.
Fahr hin! die schlechte Litanei,
Sie könnte selbst den klügsten Mann betören.

Sorge

Soll er gehen, soll er kommen?
Der Entschluß ist ihm genommen;
Auf gebahnten Weges Mitte
Wankt er tastend halbe Schritte.
Er verliert sich immer tiefer,
Siehet alle Dinge schiefer,
Sich und andre lästig drückend;
Atemholend und erstickend;
Nicht erstickt und ohne Leben,
Nicht verzweiflend, nicht ergeben.
So ein unaufhaltsam Rollen,
Schmerzlich Lassen, widrig Sollen,
Bald Befreien, bald Erdrücken,
Halber Schlaf und schlecht Erquicken
Heftet ihn an seine Stelle
Und bereitet ihn zur Hölle.

Faust

Unselige Gespenster! so behandelt ihr
Das menschliche Geschlecht zu tausend Malen;
Gleichgültige Tage selbst verwandelt ihr
In garstigen Wirrwarr netzumstrickter Qualen.
Dämonen, weiß ich, wird man schwerlich los,
Das geistig-strenge Band ist nicht zu trennen;
Doch deine Macht, Sorge, schleichend groß,
Ich werde sie nicht anerkennen.

Sorge

Erfahre sie, wie ich geschwind
Mich mit Verwünschung von dir wende!
Die Menschen sind im ganzen Leben blind,
Nun, Fauste, werde du's am Ende!

Faust

Die Nacht scheint tiefer tief hereinzudringen,
Allein im Innern leuchtet helles Licht;
Was ich gedacht, ich eil' es zu vollbringen;
Des Herren Wort, es gibt allein Gewicht.
Vom Lager auf, ihr Knechte! Mann für Mann!
Laßt glücklich schauen, was ich kühn ersann.
Ergreift das Werkzeug, Schaufel rührt und Spaten!
Das Abgesteckte muß sogleich geraten.
Auf strenges Ordnen, raschen Fleiß
Erfolgt der allerschönste Preis;
Daß sich das größte Werk vollende,
Genügt *ein* Geist für tausend Hände.

Großer Vorhof des Palasts

Mephistopheles

Herbei, herbei! Herein, herein!
Ihr schlotternden Lemuren,
Aus Bändern, Sehnen und Gebein
Geflickte Halbnaturen.

Lemuren

Wir treten dir sogleich zur Hand,
Und wie wir halb vernommen,
Es gilt wohl gar ein weites Land,
Das sollen wir bekommen.
Gespitzte Pfähle, die sind da,
Die Kette lang zum Messen;
Warum an uns den Ruf geschah,
Das haben wir vergessen.

Mephistopheles

Hier gilt kein künstlerisch Bemühn;
Verfahret nur nach eignen Maßen!
Der Längste lege längelang sich hin,
Ihr andern lüftet ringsumher den Rasen;
Wie man's für unsre Väter tat,
Vertieft ein längliches Quadrat!
Aus dem Palast ins enge Haus,
So dumm läuft es am Ende doch hinaus.

Lemuren

Wie jung ich war und lebt' und liebt',
Mich deucht, das war wohl süße;
Wo's fröhlich klang und lustig ging,
Da rührten sich meine Füße.
Nun hat das tückische Alter mich
Mit seiner Krücke getroffen;
Ich stolpert' über Grabes Tür,
Warum stand sie just offen!

Faust

Wie das Geklirr der Spaten mich ergetzt!
Es ist die Menge, die mir frönet,
Die Erde mit sich selbst versöhnet,
Den Wellen ihre Grenze setzt,
Das Meer mit strengem Band umzieht.

Mephistopheles

Du bist doch nur für uns bemüht

Mit deinen Dämmen, deinen Buhnen;
Denn du bereitest schon Neptunen,
Dem Wasserteufel, großen Schmaus.
In jeder Art seid ihr verloren; –
Die Elemente sind mit uns verschworen,
Und auf Vernichtung läuft's hinaus.

Faust
Aufseher! –

Mephistopheles
Hier! –

Faust
Wie es auch möglich sei,
Arbeiter schaffe Meng' auf Menge,
Ermuntere durch Genuß und Strenge,
Bezahle, locke, presse bei!
Mit jedem Tage will ich Nachricht haben,
Wie sich verlängt der unternommene Graben.

Mephistopheles
Man spricht, wie man mir Nachricht gab,
Von keinem Graben, doch vom Grab.

Faust
Ein Sumpf zieht am Gebirge hin,
Verpestet alles schon Errungene;
Den faulen Pfuhl auch abzuziehn,
Das Letzte wär' das Höchsterrungene.
Eröffn' ich Räume vielen Millionen,
Nicht sicher zwar, doch tätig-frei zu wohnen.
Grün das Gefilde, fruchtbar; Mensch und Herde
Sogleich behaglich auf der neusten Erde,
Gleich angesiedelt an des Hügels Kraft,
Den aufgewälzt kühn-emsige Völkerschaft.
Im Innern hier ein paradiesisch Land,
Da rase draußen Flut bis auf zum Rand,
Und wie sie nascht, gewaltsam einzuschießen,

Gemeindrang eilt, die Lücke zu verschließen.
Ja! diesem Sinne bin ich ganz ergeben,
Das ist der Weisheit letzter Schluß:
Nur der verdient sich Freiheit wie das Leben,
Der täglich sie erobern muß.
Und so verbringt, umrungen von Gefahr,
Hier Kindheit, Mann und Greis sein tüchtig Jahr.
Solch ein Gewimmel möcht' ich sehn,
Auf freiem Grund mit freiem Volke stehn.
Zum Augenblicke dürft' ich sagen:
Verweile doch, du bist so schön!
Es kann die Spur von meinen Erdetagen
Nicht in äonen untergehn. –
Im Vorgefühl von solchem hohen Glück
Genieß' ich jetzt den höchsten Augenblick.

Mephistopheles
Ihn sättigt keine Lust, ihm gnügt kein Glück,
So buhlt er fort nach wechselnden Gestalten;
Den letzten, schlechten, leeren Augenblick,
Der Arme wünscht ihn festzuhalten.
Der mir so kräftig widerstand,
Die Zeit wird Herr, der Greis hier liegt im Sand.
Die Uhr steht still – –

Chor
Steht still! Sie schweigt wie Mitternacht.
Der Zeiger fällt. –

Mephistopheles
Er fällt, es ist vollbracht.

Chor
Es ist vorbei. –

Mephistopheles
Vorbei! ein dummes Wort.
Warum vorbei?
Vorbei und reines Nicht, vollkommnes Einerlei!

Was soll uns denn das ew'ge Schaffen!
Geschaffenes zu nichts hinwegzuraffen!
„Da ist's vorbei!" Was ist daran zu lesen?
Es ist so gut, als wär' es nicht gewesen,
Und treibt sich doch im Kreis, als wenn es wäre.
Ich liebte mir dafür das Ewig-Leere.

Grablegung

Lemur – Solo
Wer hat das Haus so schlecht gebaut,
Mit Schaufeln und mit Spaten?

Lemuren – Chor
Dir, dumpfer Gast im hänfnen Gewand,
Ist's viel zu gut geraten.

Lemur – Solo
Wer hat den Saal so schlecht versorgt?
Wo blieben Tisch und Stühle?

Lemuren – Chor
Es war auf kurze Zeit geborgt;
Der Gläubiger sind so viele.

Mephistopheles
Der Körper liegt, und will der Geist entfliehn,
Ich zeig' ihm rasch den blutgeschriebnen Titel; –
Doch leider hat man jetzt so viele Mittel,
Dem Teufel Seelen zu entziehn.
Auf altem Wege stößt man an,
Auf neuem sind wir nicht empfohlen;
Sonst hätt' ich es allein getan,
Jetzt muß ich Helfershelfer holen.
Uns geht's in allen Dingen schlecht!
Herkömmliche Gewohnheit, altes Recht,
Man kann auf gar nichts mehr vertrauen.
Sonst mit dem letzten Atem fuhr sie aus,

Ich paßt' ihr auf und, wie die schnellste Maus,
Schnapps! hielt ich sie in fest verschloßnen Klauen.
Nun zaudert sie und will den düstern Ort,
Des schlechten Leichnams ekles Haus nicht lassen;
Die Elemente, die sich hassen,
Die treiben sie am Ende schmählich fort.
Und wenn ich Tag' und Stunden mich zerplage,
Wann? *wie*? und *wo*? das ist die leidige Frage;
Der alte Tod verlor die rasche Kraft,
Das *Ob*? sogar ist lange zweifelhaft;
Oft sah ich lüstern auf die starren Glieder –
Es war nur Schein, das rührte, das regte sich wieder.
Nur frisch heran! verdoppelt euren Schritt,
Ihr Herrn vom graden, Herrn vom krummen Horne,
Von altem Teufelsschrot und -korne,
Bringt ihr zugleich den Höllenrachen mit.
Zwar hat die Hölle Rachen viele! viele!
Nach Standsgebühr und Würden schlingt sie ein;
Doch wird man auch bei diesem letzten Spiele
Ins künftige nicht so bedenklich sein.
Eckzähne klaffen; dem Gewölb des Schlundes
Entquillt der Feuerstrom in Wut,
Und in dem Siedequalm des Hintergrundes
Seh' ich die Flammenstadt in ewiger Glut.
Die rote Brandung schlägt hervor bis an die Zähne,
Verdammte, Rettung hoffend, schwimmen an;
Doch kolossal zerknirscht sie die Hyäne,
Und sie erneuen ängstlich heiße Bahn.
In Winkeln bleibt noch vieles zu entdecken,
So viel Erschrecklichstes im engsten Raum!
Ihr tut sehr wohl, die Sünder zu erschrecken;
Sie halten's doch für Lug und Trug und Traum.
Nun, wanstige Schuften mit den Feuerbacken!
Ihr glüht so recht vom Höllenschwefel feist;
Klotzartige, kurze, nie bewegte Nacken!
Hier unten lauert, ob's wie Phosphor gleißt:
Das ist das Seelchen, Psyche mit den Flügeln,

Die rupft ihr aus, so ist's ein garstiger Wurm;
Mit meinem Stempel will ich sie besiegeln,
Dann fort mit ihr im Feuerwirbelsturm!
Paßt auf die niedern Regionen,
Ihr Schläuche, das ist eure Pflicht;
Ob's ihr beliebte, da zu wohnen,
So akkurat weiß man das nicht.
Im Nabel ist sie gern zu Haus –
Nehmt es in acht, sie wischt euch dort heraus.
Ihr Firlefanze, flügelmännische Riesen,
Greift in die Luft, versucht euch ohne Rast!
Die Arme strack, die Klauen scharf gewiesen,
Daß ihr die Flatternde, die Flüchtige faßt.
Es ist ihr sicher schlecht im alten Haus,
Und das Genie, es will gleich obenaus.

Himmlische Heerschar

Folget, Gesandte,
Himmelsverwandte,
Gemächlichen Flugs:
Sündern vergeben,
Staub zu beleben;
Allen Naturen
Freundliche Spuren
Wirket im Schweben
Des weilenden Zugs!

Mephistopheles

Mißtöne hör' ich, garstiges Geklimper,
Von oben kommt's mit unwillkommnem Tag;
Es ist das bübisch-mädchenhafte Gestümper,
Wie frömmelnder Geschmack sich's lieben mag.
Ihr wißt, wie wir in tiefverruchten Stunden
Vernichtung sannen menschlichem Geschlecht;
Das Schändlichste, was wir erfunden,
Ist ihrer Andacht eben recht.
Sie kommen gleisnerisch, die Laffen!
So haben sie uns manchen weggeschnappt,

Bekriegen uns mit unsern eignen Waffen;
Es sind auch Teufel, doch verkappt.
Hier zu verlieren, wär' euch ew'ge Schande;
Ans Grab heran und haltet fest am Rande!

Chor der Engel

Rosen, ihr blendenden,
Balsam versendenden!
Flatternde, schwebende,
Heimlich belebende,
Zweigleinbeflügelte,
Knospenentsiegelte,
Eilet zu blühn.
Frühling entsprieße,
Purpur und Grün!
Tragt Paradiese
Dem Ruhenden hin.

Mephistopheles

Was duckt und zuckt ihr? ist das Höllenbrauch?
So haltet stand und laßt sie streuen.
An seinen Platz ein jeder Gauch!
Sie denken wohl, mit solchen Blümeleien
Die heißen Teufel einzuschneien;
Das schmilzt und schrumpft vor eurem Hauch.
Nun pustet, Püstriche! – Genug, genug!
Vor eurem Broden bleicht der ganze Flug. –
Nicht so gewaltsam! schließet Maul und Nasen!
Fürwahr, ihr habt zu stark geblasen.
Daß ihr doch nie die rechten Maße kennt!
Das schrumpft nicht nur, es bräunt sich, dorrt, es brennt!
Schon schwebt's heran mit giftig klaren Flammen;
Stemmt euch dagegen, drängt euch fest zusammen! –
Die Kraft erlischt! dahin ist aller Mut!
Die Teufel wittern fremde Schmeichelglut.

Chor der Engel

Blüten, die seligen,

Flammen, die fröhlichen,
Liebe verbreiten sie,
Wonne bereiten sie,
Herz wie es mag.
Worte, die wahren,
äther im Klaren,
Ewigen Scharen
überall Tag!

Mephistopheles

O Fluch! o Schande solchen Tröpfen!
Satane stehen auf den Köpfen,
Die Plumpen schlagen Rad auf Rad
Und stürzen ärschlings in die Hölle.
Gesegn' euch das verdiente heiße Bad!
Ich aber bleib' auf meiner Stelle. –
Irrlichter, fort! Du , leuchte noch so stark,
Du bleibst, gehascht, ein ekler Gallert-Quark.
Was flatterst du? Willst du dich packen! –
Es klemmt wie Pech und Schwefel mir im Nacken.

Chor der Engel

Was euch nicht angehört,
Müsset ihr meiden,
Was euch das Innre stört,
Dürft ihr nicht leiden.
Dringt es gewaltig ein,
Müssen wir tüchtig sein.
Liebe nur Liebende
Führet herein!

Mephistopheles

Mir brennt der Kopf, das Herz, die Leber brennt,
Ein überteuflisch Element!
Weit spitziger als Höllenfeuer! –
Drum jammert ihr so ungeheuer,
Unglückliche Verliebte! die, verschmäht,
Verdrehten Halses nach der Liebsten späht.

Auch mir! Was zieht den Kopf auf jene Seite?
Bin ich mit ihr doch in geschwornem Streite!
Der Anblick war mir sonst so feindlich scharf.
Hat mich ein Fremdes durch und durch gedrungen?
Ich mag sie gerne sehn, die allerliebsten Jungen;
Was hält mich ab, daß ich nicht fluchen darf? –
Und wenn ich mich betören lasse,
Wer heißt denn künftighin der Tor?
Die Wetterbuben, die ich hasse,
Sie kommen mir doch gar zu lieblich vor! –
Ihr schönen Kinder, laßt mich wissen:
Seid ihr nicht auch von Luzifers Geschlecht?
Ihr seid so hübsch, fürwahr ich möcht' euch küssen,
Mir ist's, als kämt ihr eben recht.
Es ist mir so behaglich, so natürlich,
Als hätt' ich euch schon tausendmal gesehn;
So heimlich-kätzchenhaft begierlich;
Mit jedem Blick aufs neue schöner schön.
O nähert euch, o gönnt mir *einen* Blick!

Engel

Wir kommen schon, warum weichst du zurück?
Wir nähern uns, und wenn du kannst, so bleib!

Mephistopheles

Ihr scheltet uns verdammte Geister
Und seid die wahren Hexenmeister;
Denn ihr verführet Mann und Weib. –
Welch ein verfluchtes Abenteuer!
Ist dies das Liebeselement?
Der ganze Körper steht in Feuer,
Ich fühle kaum, daß es im Nacken brennt. –
Ihr schwanket hin und her, so senkt euch nieder,
Ein bißchen weltlicher bewegt die holden Glieder;
Fürwahr, der Ernst steht euch recht schön;
Doch möcht' ich euch nur einmal lächeln sehn!
Das wäre mir ein ewiges Entzücken.
Ich meine so, wie wenn Verliebte blicken:

Ein kleiner Zug am Mund, so ist's getan.
Dich, langer Bursche, dich mag ich am liebsten leiden,
Die Pfaffenmiene will dich gar nicht kleiden,
So sieh mich doch ein wenig lüstern an!
Auch könntet ihr anständig-nackter gehen,
Das lange Faltenhemd ist übersittlich –
Sie wenden sich – von hinten anzusehen! –
Die Racker sind doch gar zu appetitlich!

Chor der Engel

Wendet zur Klarheit
Euch, liebende Flammen!
Die sich verdammen,
Heile die Wahrheit;
Daß sie vom Bösen
Froh sich erlösen,
Um in dem Allverein
Selig zu sein.

Mephistopheles

Wie wird mir! – Hiobsartig, Beul' an Beule
Der ganze Kerl, dem's vor sich selber graut,
Und triumphiert zugleich, wenn er sich ganz durchschaut,
Wenn er auf sich und seinen Stamm vertraut;
Gerettet sind die edlen Teufelsteile,
Der Liebespuk, er wirft sich auf die Haut;
Schon ausgebrannt sind die verruchten Flammen,
Und wie es sich gehört, fluch' ich euch allzusammen!

Chor der Engel

Heilige Gluten!
Wen sie umschweben,
Fühlt sich im Leben
Selig mit Guten.
Alle vereinigt
Hebt euch und preist!
Luft ist gereinigt,
Atme der Geist!

Mephistopheles

Doch wie? – wo sind sie hingezogen?
Unmündiges Volk, du hast mich überrascht,
Sind mit der Beute himmelwärts entflogen;
Drum haben sie an dieser Gruft genascht!
Mir ist ein großer, einziger Schatz entwendet:
Die hohe Seele, die sich mir verpfändet,
Die haben sie mir pfiffig weggepascht.
Bei wem soll ich mich nun beklagen?
Wer schafft mir mein erworbenes Recht?
Du bist getäuscht in deinen alten Tagen,
Du hast's verdient, es geht dir grimmig schlecht.
Ich habe schimpflich mißgehandelt,
Ein großer Aufwand, schmählich! ist vertan;
Gemein Gelüst, absurde Liebschaft wandelt
Den ausgepichten Teufel an.
Und hat mit diesem kindisch-tollen Ding
Der Klugerfahrne sich beschäftigt,
So ist fürwahr die Torheit nicht gering,
Die seiner sich am Schluß bemächtigt.

Bergschluchten

Chor und Echo

Waldung, sie schwankt heran,
Felsen, sie lasten dran,
Wurzeln, sie klammern an,
Stamm dicht an Stamm hinan,
Woge nach Woge spritzt,
Höhle, die tiefste, schützt.
Löwen, sie schleichen stumm--
freundlich/ um uns herum,
Ehren geweihten Ort,
Heiligen Liebeshort.

Pater ecstaticus

Ewiger Wonnebrand,
Glühendes Liebeband,
Siedender Schmerz der Brust,
Schäumende Gotteslust.
Pfeile, durchdringet mich,
Lanzen, bezwinget mich,
Keulen, zerschmettert mich,
Blitze, durchwettert mich!
Daß ja das Nichtige
Alles verflüchtige,
Glänze der Dauerstern,
Ewiger Liebe Kern.

Pater profundus

Wie Felsenabgrund mir zu Füßen
Auf tiefem Abgrund lastend ruht,
Wie tausend Bäche strahlend fließen
Zum grausen Sturz des Schaums der Flut,
Wie strack mit eignem kräftigen Triebe
Der Stamm sich in die Lüfte trägt:
So ist es die allmächtige Liebe,
Die alles bildet, alles hegt.
Ist um mich her ein wildes Brausen,
Als wogte Wald und Felsengrund,
Und doch stürzt, liebevoll im Sausen,
Die Wasserfülle sich zum Schlund,
Berufen, gleich das Tal zu wässern;
Der Blitz, der flammend niederschlug,
Die Atmosphäre zu verbessern,
Die Gift und Dunst im Busen trug –
Sind Liebesboten, sie verkünden,
Was ewig schaffend uns umwallt.
Mein Innres mög' es auch entzünden,
Wo sich der Geist, verworren, kalt,
Verquält in stumpfer Sinne Schranken,
Scharfangeschloßnem Kettenschmerz.

O Gott! beschwichtige die Gedanken,
Erleuchte mein bedürftig Herz!

Pater seraphicus

Welch ein Morgenwölkchen schwebet
Durch der Tannen schwankend Haar!
Ahn' ich, was im Innern lebet?
Es ist junge Geisterschar.

Chor seliger Knaben

Sag uns, Vater, wo wir wallen,
Sag uns, Guter, wer wir sind?
Glücklich sind wir: allen, allen
Ist das Dasein so gelind.

Pater seraphicus

Knaben! Mitternachts-Geborne,
Halb erschlossen Geist und Sinn,
Für die Eltern gleich Verlorne,
Für die Engel zum Gewinn.
Daß ein Liebender zugegen,
Fühlt ihr wohl, so naht euch nur;
Doch von schroffen Erdewegen,
Glückliche! habt ihr keine Spur.
Steigt herab in meiner Augen
Welt- und erdgemäß Organ,
Könnt sie als die euren brauchen,
Schaut euch diese Gegend an!
Das sind Bäume, das sind Felsen,
Wasserstrom, der abestürzt
Und mit ungeheurem Wälzen
Sich den steilen Weg verkürzt.

Selige Knaben

Das ist mächtig anzuschauen,
Doch zu düster ist der Ort,
Schüttelt uns mit Schreck und Grauen.
Edler, Guter, laß uns fort!

Pater seraphicus

Steigt hinan zu höherm Kreise,
Wachset immer unvermerkt,
Wie, nach ewig reiner Weise,
Gottes Gegenwart verstärkt.
Denn das ist der Geister Nahrung,
Die im freisten äther waltet:
Ewigen Liebens Offenbarung,
Die zur Seligkeit entfaltet.

Chor seliger Knaben

Hände verschlinget
Freudig zum Ringverein,
Regt euch und singet
Heil'ge Gefühle drein!
Göttlich belehret,
Dürft ihr vertrauen;
Den ihr verehret,
Werdet ihr schauen.

Engel

Gerettet ist das edle Glied
Der Geisterwelt vom Bösen,
*Wer immer strebend sich bem*üht,
*Den k*önnen *wir erl*ösen.
Und hat an ihm die Liebe gar
Von oben teilgenommen,
Begegnet ihm die selige Schar
Mit herzlichem Willkommen.

Die jüngeren Engel

Jene Rosen aus den Händen
Liebend-heiliger Büßerinnen
Halfen uns den Sieg gewinnen,
Uns das hohe Werk vollenden,
Diesen Seelenschatz erbeuten.
Böse wichen, als wir streuten,
Teufel flohen, als wir trafen.

Statt gewohnter Höllenstrafen
Fühlten Liebesqual die Geister;
Selbst der alte Satansmeister
War von spitzer Pein durchdrungen.
Jauchzet auf! es ist gelungen.

Die vollendeteren Engel
Uns bleibt ein Erdenrest
Zu tragen peinlich,
Und wär' er von Asbest,
Er ist nicht reinlich.
Wenn starke Geisteskraft
Die Elemente
An sich herangerafft,
Kein Engel trennte
Geeinte Zwienatur
Der innigen beiden,
Die ewige Liebe nur
Vermag's zu scheiden.

Die jüngeren Engel
Nebelnd um Felsenhöh'
Spür' ich soeben,
Regend sich in der Näh',
Ein Geisterleben.
Die Wölkchen werden klar,
Ich seh' bewegte Schar
Seliger Knaben,
Los von der Erde Druck,
Im Kreis gesellt,
Die sich erlaben
Am neuen Lenz und Schmuck
Der obern Welt.
Sei er zum Anbeginn,
Steigendem Vollgewinn
Diesen gesellt!

Die seligen Knaben

Freudig empfangen wir
Diesen im Puppenstand;
Also erlangen wir
Englisches Unterpfand.
Löset die Flocken los,
Die ihn umgeben!
Schon ist er schön und groß
Von heiligem Leben.

Doctor marianus

Hier ist die Aussicht frei,
Der Geist erhoben.
Dort ziehen Fraun vorbei,
Schwebend nach oben.
Die Herrliche mitteninn
Im Sternenkranze,
Die Himmelskönigin,
Ich seh's am Glanze.
Höchste Herrscherin der Welt!
Lasse mich im blauen,
Ausgespannten Himmelszelt
Dein Geheimnis schauen.
Billige, was des Mannes Brust
Ernst und zart beweget
Und mit heiliger Liebeslust
Dir entgegenträget.
Unbezwinglich unser Mut,
Wenn du hehr gebietest;
Plötzlich mildert sich die Glut,
Wie du uns befriedest.
Jungfrau, rein im schönsten Sinn,
Mutter, Ehren würdig,
Uns erwählte Königin,
Göttern ebenbürtig.
Um sie verschlingen
Sich leichte Wölkchen,

Sind Büßerinnen,
Ein zartes Völkchen,
Um ihre Kniee
Den äther schlürfend,
Gnade bedürfend.
Dir, der Unberührbaren,
Ist es nicht benommen,
Daß die leicht Verführbaren
Traulich zu dir kommen.
In die Schwachheit hingerafft,
Sind sie schwer zu retten;
Wer zerreißt aus eigner Kraft
Der Gelüste Ketten?
Wie entgleitet schnell der Fuß
Schiefem, glattem Boden?
Wen betört nicht Blick und Gruß,
Schmeichelhafter Odem?

Chor der Büßerinnen

Du schwebst zu Höhen
Der ewigen Reiche,
Vernimm das Flehen,
Du Ohnegleiche,
Du Gnadenreiche!

Magna peccatrix

Bei der Liebe, die den Füßen
Deines gottverklärten Sohnes
Tränen ließ zum Balsam fließen,
Trotz des Pharisäerhohnes;
Beim Gefäße, das so reichlich
Tropfte Wohlgeruch hernieder,
Bei den Locken, die so weichlich
Trockneten die heil'gen Glieder –

Mulier samaritana

Bei dem Bronn, zu dem schon weiland
Abram ließ die Herde führen,

Bei dem Eimer, der dem Heiland
Kühl die Lippe durft' berühren;
Bei der reinen, reichen Quelle,
Die nun dorther sich ergießet,
überflüssig, ewig helle
Rings durch alle Welten fließet –

Maria aegyptiaca

Bei dem hochgeweihten Orte,
Wo den Herrn man niederließ,
Bei dem Arm, der von der Pforte
Warnend mich zurücke stieß;
Bei der vierzigjährigen Buße,
Der ich treu in Wüsten blieb,
Bei dem seligen Scheidegruße,
Den im Sand ich niederschrieb –

Zu drei

Die du großen Sünderinnen
Deine Nähe nicht verweigerst
Und ein büßendes Gewinnen
In die Ewigkeiten steigerst,
Gönn auch dieser guten Seele,
Die sich einmal nur vergessen,
Die nicht ahnte, daß sie fehlte,
Dein Verzeihen angemessen!

Una poenitentium, sonst Gretchen genannt

Neige, neige,
Du Ohnegleiche,
Du Strahlenreiche,
Dein Antlitz gnädig meinem Glück!
Der früh Geliebte,
Nicht mehr Getrübte,
Er kommt zurück.

Selige Knaben

Er überwächst uns schon
An mächtigen Gliedern,

Wird treuer Pflege Lohn
Reichlich erwidern.
Wir wurden früh entfernt
Von Lebechören;
Doch dieser hat gelernt,
Er wird uns lehren.

Die eine Büßerin, sonst Gretchen genannt

Vom edlen Geisterchor umgeben,
Wird sich der Neue kaum gewahr,
Er ahnet kaum das frische Leben,
So gleicht er schon der heiligen Schar.
Sieh, wie er jedem Erdenbande
Der alten Hülle sich entrafft
Und aus ätherischem Gewande
Hervortritt erste Jugendkraft.
Vergönne mir, ihn zu belehren,
Noch blendet ihn der neue Tag.

Mater gloriosa

Komm! hebe dich zu höhern Sphären!
Wenn er dich ahnet, folgt er nach.

Doctor marianus

Blicket auf zum Retterblick,
Alle reuig Zarten,
Euch zu seligem Geschick
Dankend umzuarten.
Werde jeder beßre Sinn
Dir zum Dienst erbötig;
Jungfrau, Mutter, Königin,
Göttin, bleibe gnädig!

Chorus mysticus

Alles Vergängliche
Ist nur ein Gleichnis;
Das Unzulängliche,
Hier wird's Ereignis;
Das Unbeschreibliche,

Hier ist's getan;
Das Ewig-Weibliche
Zieht uns hinan.